浜内 彩乃／著

ステップアップ
カウンセリング
スキル集

今さら聞けない 12 の基礎技法

誠信書房

はじめに――本書の使い方について

　本書を手に取っていただきありがとうございます。本書は，カウンセラーを目指す大学院生からカウンセラーになって数年経ち，「きちんとした臨床ができていないのでは」と不安を感じている臨床家に向けて書きました。目次を読んでもらえると，「知っている技法」ばかりが並んでいるのではないでしょうか。学部が心理学系の方であれば，学部時代に習ったものも多いでしょう。しかし，クライエントと実際にお会いし，カウンセリングを行うなかで，これらの技法をどれくらい意識して，活用できているでしょうか。

　私はカウンセラーになってようやく中堅と呼ばれる年代になってきました。そして，医療・福祉・教育・私設臨床の現場でそれなりの数のカウンセリングをこなしてきました。そして技術を向上させるために，多くのセミナーや勉強会，事例検討会に参加し，スーパーヴィジョンも受けてきました。

　しかし，事例検討会やスーパーヴィジョンに持っていけるケースは，私が担当しているなかのごく一部でしかありませんでした。頻度が低い，時間が短い，構造化がされていない，学派に依拠した技法が使われていないなどなど……。そうしたケースはスーパーヴィジョンや事例検討会に出してはいけないような気がしていました。また，セミナーや勉強会で学ぶ学派に依拠した技法は，（私が偏った学びをしていたことも影響していますが）すべてのケースに適応できるものではありませんでした。もちろんこうした機会に学んだものは，私の中の臨床の軸となり，支えてくれているものです。それでも，事例検討会やスーパーヴィジョンに持っていけな

い，セミナーや勉強会で学んだ技法が適応できないケースはどうしたらよいのだろかと悩む日々でした。

　また，そうした発表できないケースは，「きちんとした臨床」をやっていないように感じ，きちんとできていない自分に後ろめたさを感じることすらありました。しかし，実際には，そうした発表できないケースであっても，臨床経験が積み重なると，主訴が改善し，終結に至ることも珍しくなくなってきました。クライエントにとって良い結果となっているにもかかわらず，カウンセラーとして後ろめたさを感じるのはなぜなのか，何が「良い臨床」なのかをずっと考えていました。

　そして講師としての仕事も始めたころ，学生と共に基本的なカウンセリング技法を復習する機会に恵まれました。するとそのことが頭に残り，その後のカウンセリングでは，自分が用いているカウンセリング技法を意識するようになり，1ケースずつ基本に忠実に，より丁寧にクライエントの話を聞くようになりました。当時，私が抱えていたケースの多くは，学会で発表できるような介入も新しい技術も用いずに，1つずつカウンセリング技法の基礎を丁寧に行うことで十分対応することができ，またそれによって改善しているのだと気づくことができました。よくよく考えてみれば，カウンセリング技法を教わっていた大学院時代には，それらを意識していなかったわけではありませんが，目の前のクライエントに対応することで精いっぱいになっており，冷静にカウンセリング技法をどのように用いているのか，それが効果的であるのかなど検討する余裕などなかったように思います。そして，スーパーヴィジョンなどで確認され，教わることは専門的な技法でした。

　カウンセリング技法の重要性を本当に実感したのは，このときだと思います。そうすると，何よりも自分自身の意識が変わりました。クライエントの言葉をきちんと聴き，自分がなぜその聴き方をしているのか，何に着目しているのかなど，自分が行っていることを意識化するようになりまし

た。カウンセリング技法は，臨床経験のなかで自然と身についており，それが私のカウンセリングのなかで重要な役割を果たしていました。「ああ，ちゃんとできていたんだ」と安堵する気持ちと同時に，おろそかになっている部分にも目を向けることができました。「きちんとした臨床」「良い臨床」とは先人たちが作り上げてきた基礎を忠実に習得し，それを今の臨床現場に活用できている状態ではないでしょうか。

　そして現在，初学者のカウンセラーたちからカウンセリングについて助言を求められることが増えてきました。そうしたときに感じることは，カウンセリング技法をどこまで丁寧にやっているのかがわからないということです。アセスメントや介入について助言することはもちろんしますが，アセスメントがなぜ上手くできないのか，なぜ方針に自信を持つことができないのか，その背景にはカウンセリング技法を丁寧にかつ適切に用いることができていないということがあるのではないかと感じるようになりました。しかし，現在のカウンセラーの訓練では，動画を撮影したり録音をしたりして振り返ることはあまり行いません。ロールプレイも大学院で少しやったことがある程度でしょう。事例検討会やスーパーヴィジョンではカウンセリング技法を用いたやり取りについては省略されることが多く，カウンセリングの全体的な流れが中心に話し合われます。もちろんそうしたことも非常に重要です。しかし，その前にもっと意識しなければならないことがあるのではないかと感じるのです。目次を見て「それくらいできる」と思われた方は，ぜひ再確認のために本書を使ってください。特に9章以降は，実際の臨床現場に出てからでなければ実感したり，使用することが難しく，学校教育のなかで丁寧に説明されたことがないのではないでしょうか。しかし，実際の臨床のなかで重要なことは9章以降です。だからといって，いきなり9章から進めればいいのかというと，9章以降の技法を用いるためには1〜8章までの技法が身についていることが必須となり，いきなり9章から習得しようとしても上手くいきません。

　臨床現場に出た多くの臨床家が苦戦するのは9章以降だと思います。そして，その場合，その部分だけを向上しようと奮起します。何事も，行き詰ったときには行き詰っているところだけを何とかしようとするよりも，行き詰っているところの元から見直したり修正したりする方が，結果としてうまくいくのではないでしょうか。

　臨床心理学には多くの学派があり，それぞれの技法があります。そのどれもが優劣つけがたく，非常に有効なものでしょう。しかし，どの学派であっても，ベースにあるクライエントとの向き合い方は共通しています。そして，そのベースとなるのが，カウンセリング技法です。しかしカウンセリング技法といっても，本によっては内容が若干異なります。

　本書では，多くのカウンセラーが登竜門として通るアレン E. アイビイが提唱したマイクロカウンセリングと，カール・ロジャースが提唱した来談者中心療法の考え方を参考に解説をしていきます。どちらも極めるには長い歳月がかかるものです。本書で取り扱うのは，あくまで基本的な姿勢・考え方であることをご留意ください。

　また一章の中で，技法についてできるだけ具体的にわかりやすく解説を行った後，臨床現場でよく出会う事例を改編した架空事例を提示し，技法をどのように実践の中で活用するか事例の解説を行いました。本書の事例は，東畑（2023）が提唱した「ふつうの相談」でしょう。そこに書かれている「"ふつうの相談"の技法」は，カウンセリング技法と共通しているところが多分にあることがわかります。カウンセリング技法は，それを習得し馴染んでいくと，技法ではなくなり「ふつうの会話」であるように感じます。しかし，そこには確実にカウンセリング技法を習得した形跡があり，「ふつうの相談」にはそれが活かされていると考えます。

　少なくとも，私自身はカウンセラーになって数年した後，友達から「話しやすくなった」と言われたり（カウンセリング技法を意識したつもりはなかった），カウンセラー同士で食事に行って楽しく雑談をしていると店

員さんから「ずっと相槌を打たれてますね」と職業を聞かれたこともあり
ました。これがカウンセリング技法を習得した形跡です。

　一章を読み終わった後の練習方法についてもできるだけ具体的に提案し
ています。一点，誤解しないでいただきたいことは「こういう事例にはこ
の技法が合う」と言いたいわけではないということです。本書にあげてい
る技法は，どの事例においても重要なものですし，有効なタイミングは事
例によって異なります。本書の事例は，各技法を意識的に用いる際の参考
にしていただけたらと思います。特別なことやアクロバティックなことを
することだけがカウンセリングではないことを確認していきましょう。

　そして，事例はカウンセリング場面を取り上げていますが，個室で行う
カウンセリングだけに限らず，さまざま臨床領域で出会うクライエントや
ご家族，関係者と関わる際に役立てられるものです。「カウンセリングを
しないから関係ない」と思わずに，カウンセラーとしてクライエントと対
峙する機会があるのであれば，ぜひ参考にしてみてください。

　本書は，一章読んだらそのことに注力しながらカウンセリングを実施
し，ある程度コツをつかめたら次の章に進むようにしてください。実際の
カウンセリング場面では，そんなことを言っていられないことは重々承知
です。同時にいろいろな技法を駆使しなければいけません。それでも，同
時に多くのことに意識を向け，習得できるほど器用な人は多くありませ
ん。1週間の中でカウンセリングを行う件数は人によって異なるでしょう。
また習得できる期間も人それぞれでしょう。そのため，具体的に一章を読
み，実践で訓練する期間は定めません。実践した後，再度，章を読み返
し，実感を伴って読むことができれば十分です。そうして，一章ずつ習得
をしていくよう心がけてください。

　1週間に一章ずつ読み進めると3カ月，1カ月で一章ずつ進めると1年
で読み終わる計算となります。それくらいの期間を通して，カウンセリン
グ技術の基本を一通り習得したといえるでしょう。しかし，カウンセラー

を職業として続ける限り，カウンセリング技法の基本は生涯にわたって何度も復習し，確認するものです。カウンセラーとして経験を積んでいけば，カウンセリング技法に自分のキャラクターが合わさり，より自分に馴染む技法となっていくでしょう。その一方で，基本が崩れていく恐れもあります。自分に馴染んだものを大きく修正する必要はありませんが，定期的に基本に立ち返ることで，再発見できることもあるのではないでしょうか。

世阿弥の「初心忘るべからず」という言葉があります。一般的には「習い始めのころの謙虚で真剣な気持ちを忘れてはならない」という意味で用いられますが，世阿弥は，習い始めたときの未熟だった記憶や，そのときに味わった悔しい気持ち，恥ずかしい気持ち，今にいたるまでの努力を忘れてはいけないという意味で用いています。そして，今の自分も「未熟」であることを自覚するよう説いています。1年目，3年目，5年目，10年目と臨床の節目の度に本書を開いていただき，初心忘るべからずの気持ちをもってカウンセリング技法の基本を確認してほしいと願っています。

最後に，これは私自身のことでもありますが，カウンセリング技法を学ぶと，クライエントに実践する前に，友人や家族に実践したくなり，多くの場合失敗します。本書で紹介するカウンセリング技法は，人の話を聞くうえでの基本ですから，友人や家族に適応しても問題はありません。ただし，日常生活の中にカウンセラーとしての視点を持ち込むと，カウンセラーとしてのアイデンティティと個人としてのアイデンティティとが混ざってしまい，これまで通りの家族関係，友人関係が保てずに苦しくなってしまいます。またカウンセリング技法を用いて人の話を聞くということは非常に多くのエネルギーを割きます。私も初学者の頃は，1日4ケース（1回50分）のカウンセリングを行うだけでもヘトヘトになっていました。その技法をプライベートでも実践すると，プライベートでの対人関係が苦痛になります。また，家族や友人だからこその話し方や聞き方があります

し，家族や友人だからこそできる役割があります。家族や友人がカウンセラーのように対応されると，話しにくくなることもあるでしょう。カウンセリング技法を身につけるために「練習に付き合ってもらう」ということであれば問題ありませんし，慣れてきた頃に自然とカウンセリング技法の要素が日常会話の中に取り入れられることは起こりうると思います。しかし日常の中で意識的にカウンセリング技法を多用することは避けることをおススメします。

　また，相手の変容を促すカウンセリング（心理療法）をカウンセリング（治療）契約を結んでいない相手に実施することは倫理に反した行為となっています。そしてカウンセリングでお会いする方とカウンセリング以外での関係を結ぶ多重関係を持つことは，先人たちの多くが失敗体験を語り，禁忌事項として掲げています。下記にカウンセラーの倫理について定めているものを列挙しておきます。一通り目を通していただき，倫理を守ってカウンセリングを実践してください。

一般社団法人 日本公認心理師協会 倫理綱領

https://www.jacpp.or.jp/pdf/jacpp_rinrikoryo20210225.pdf

一般社団法人 日本心理臨床学会 倫理綱領

https://www.ajcp.info/pdf/rules/014_rules_511.pdf

一般社団法人 日本臨床心理士会 倫理綱領

http://www.jsccp.jp/about/pdf/sta_5_rinrikouryo20170515.pdf

公益財団法人 日本臨床心理士資格認定協会 倫理綱領

http://fjcbcp.or.jp/wp/wp-content/uploads/2014/03/PDF01_rinrikoryopdf.pdf

文献

東畑開人（2023）．ふつうの相談．金剛出版．

目次

1章

観察技法

1. 技法についての説明

（1）観察技法の重要性

　クライエントと出会い，かかわっていくなかで，最初に身につけてほしい技術が「観察技法」です。マイクロカウンセリングでは，かかわり行動と合わせて基本的なかかわり技法として位置づけられていますが「かかわり行動」の上の階層に書かれています。

　私は，観察技法がカウンセリングを行ううえで，最初に身につけるべき技法だと考えています。2章以降に紹介するすべての技法は，結局のところクライエントによって適切なものが異なります。そして，クライエントにとって最適・適切となるものを判断するときに最も重要なことは，クライエントをしっかりと観察することにほかなりません。このことについてもう少し具体的に説明します。

　カウンセリングにはさまざまな技法があります。それらの技法が有効であるといえる背景には，人のこころに関する理論があります。古宮（2019）が「技法と理論は一体であり，理論の深い理解があってこそ，技術を効果的に使うことができる」と述べるように，なぜその技法が有効であるのかを理論的に知っている者が心を専門的に扱うカウンセラーであるといえる

でしょう。この理論は，一個人の経験や体験によって作られたものではなく，多くの研究者や臨床家たちが積み重ねて作り上げたものです。

　カウンセラーは，クライエントにかかわる際，必ず「心理アセスメント（見立て）」を行います。心理アセスメントではクライエントが語っていること，困っていること，解決したいと思っていることの背景に，どのような心理状況，環境との相互作用，生物学的要因などがあるのかを理論に基づいて推論します。そして，心理アセスメントに基づいた介入を行います。カウンセリングは「温かい気持ちで」など，人情や人間性でかかわることが重要だと思われがちですが（それが不要だとは思いませんが），それよりももっと科学的であることを知っておく必要があります。

　そして，心理アセスメントを行う方法として，面接法・観察法・心理検査法があります。この3つの方法のすべてに観察技法が必要です。面接でどのようにクライエントと会話を始めるかを決めるときにも，観察が必要となります。たとえば動きがぎこちなく，視線は下に向けられ，声も小さく，カバンを握りしめている様子のクライエントであれば，「緊張している人」とカウンセラーは感じるかもしれません。別のクライエントは，笑顔で挨拶をして，柔らかな声で話し，表情も豊かで，カウンセラーは「社交的な人」と感じるかもしれません。カウンセラーはそれぞれのクライエントに対し，どのようにかかわるのがよいと判断するでしょうか。前者のクライエントには，緊張をほぐすための振る舞いや言葉がけを多くしようと思うでしょう。後者のクライエントであれば，明るい笑顔を向け，少しフランクに話そうとするかもしれません。

　また，心理検査を行う際にも，クライエントの行動や様子に注力し，スコアと合わせて解釈をするでしょう。観察技法は心理アセスメントをするために重要であり，かつクライエントにかかわる際の判断を行うために随時用いられます。

（2）4つの観察

　観察技法の重要性について理解が深まったところで，具体的な観察技法の方法について説明をしていきます。観察技法には，大きく分けて4つの観察があります。

①クライエントを観察する

　1つ目の観察は，クライエントを観察することです。クライエントに出会ったら，クライエントの服装，振る舞い，話し方，声の調子，姿勢，表情，身振り，印象など，視界から入ってくる情報すべてに意識を向けます。また視覚からの情報だけでなく，煙草や香水，お風呂に入っていそうかなど臭覚からの情報や，話し方，声のトーン，大きさなどの聴覚情報にも意識を向けます。そして観察した情報から，クライエントのこころの状態やパーソナリティ，精神症状の有無などを推測することが観察技法です。

　カウンセラーは，事例検討などを行う際に「臨床像」として，どのようなクライエントなのかを記すことが多いでしょう。それは臨床像が，クライエントをアセスメントするうえで必要な情報の1つになるためです。臨床像では，「年齢相応の服装で，暗い表情」「落ち着いた雰囲気で，お化粧はあまりしていない」「笑顔が多く，ハキハキと話す」など，カウンセラーから見たクライエントについての情報を記します。そして，クライエントはなぜ暗い表情なのか，お化粧をあまりしないのはどうしてなのか，笑顔で話す背景に何があるのかについて思いを巡らせるのです。それらが良い・悪いといった判断をするのではなく，その人のこころの状態が視覚・臭覚・聴覚などの情報にも表れていると考えます。また，観察技法は，会話が始まる前から使うことができ，言葉で語ることが困難なクライ

エントにも用いることができます。

　そうして観察から推測されるクライエントの状態に合わせて介入が行われます。つまり，観察技法を身につけることでカウンセリングを行ううえで欠かすことのできない「クライエントへのかかわり方を考えること」「心理アセスメントを行うこと」という2つを達成することができるのです。アセスメントにはさまざまな理論が必要となるため，本書ではアセスメントについては深く取り上げません。その代わりに，クライエントへのかかわり方を考えるための観察技法について，さらに説明を加えていきます。

　クライエントと信頼関係を築くための技法として「ミラーリング」があります。これはクライエントの言葉遣いや声のトーン，声の大きさなどにカウンセラーが合わせるという技法で，人は自分と似たしぐさや行動をする人に親近感を湧きやすいという心理を活用したものです。クライエントと出会ったばかりのころは，このミラーリングを意識するだけでもいいでしょう。ミラーリングは関係が深くなっていくと，自然に増えていくともいわれています。しかし，初期のころに意識的に行うためには，クライエントの様子を注意深く観察しなければなりません。

　ミラーリングはクライエントとの波長合わせを行うときには有効ですが，ミラーリングで対応しないほうがよい場面もあります。たとえば，クライエントが辛い出来事を話しているとき，内容に反して笑っていたらどうでしょう。カウンセラーも同じように笑うわけにはいきません。

　しかし，クライエントが辛い出来事を辛そうな表情で話しているのであれば，カウンセラーも同じように辛い表情をし，言葉少なく話を聴きます。そうすることで，クライエントは共感してもらえていると感じるのではないでしょうか。同じ内容でも，クライエントの語っている様子によって，クライエントのこころについて想像することが異なり，カウンセラーの対応は異なります。その時々のクライエントを観察し，そのこころの様

子を想像し，それに合わせた反応をします。まずは徹底的にクライエントを観察するようにしてください。

②カウンセラー自身を観察する

2つ目の観察はカウンセラー自身を観察することです。客観的に見てどのような様子なのか，自分自身の振る舞い，声のトーン，声の大きさ，姿勢などにも意識を向ける必要があります。2章で，カウンセラーの振る舞いについて説明をしますが，カウンセラー自身の振る舞いを介入に役立てるためには，自分自身を観察する力を持ち，カウンセリングをしているときの自分を客観的に見る視点が必要です。

クライエントを観察しているときには，カウンセラーの価値観や思想，特徴などが反映されます。たとえば，クライエントのお化粧や持ち物などに意識が向きやすいカウンセラーもいれば，クライエントの言葉遣いや態度に意識が向きやすいカウンセラーもいるでしょう。同じクライエントを異なる2人のカウンセラーが観察し，後で観察したことについて話し合えば，異なる情報が語られ，自分自身が見落としている情報に気づくでしょう。反対に，「自分はここに意識が向きやすい」ということにも気づくことができます。観察するときの癖を完全に取り払うことは不可能ですが，自分自身の思想や特徴を知り，意識が向きにくいことを自己覚知しておくことで，情報に対して平等に注意を向けやすくなります。

さらに，観察した情報からクライエントについて想像する場合にも，カウンセラーの価値観や思想が入り込みます。たとえば，いつもよりラフな格好をしているクライエントを見たときに，「疲れているのかもしれない」と想像する人もいれば，「リラックスした状態にいるのだろう」と想像する人もいます。どちらの想像も間違っているわけではありません。「ラフな格好」から連想されることが異なっているのであり，そこにカウンセラーの価値観や思想が入り込んでいることに気づいておくことが大切です。

　カウンセラーが自分自身のことを観察する際には，日ごろの自分の行動や思想に着目することをおススメします。嬉しいとき，困ったとき，考えているとき，悲しいとき，どのような言動をとっているでしょうか。また，どのようなことを嬉しいと感じ，どのようなことに困り感を感じやすく，どのようなことに思考を巡らせていることが多いでしょうか。たとえば，好んで見る映画やテレビ番組に共通するものはなんでしょうか？　どういった内容のストーリーに涙を流しますか？　どのようなニュースや出来事に対して怒りを感じますか？　どのような人と親しくなりやすく，反対にどのような人とは距離を置きたいと感じますか？　自分自身を観察し，言葉にしてみてください。そして，それがカウンセリングの場で現れていないかどうかを確認しましょう。

③相互作用を観察する

　クライエントを観察し，カウンセラーを観察することができたら，3つ目は，クライエントとカウンセラーの相互作用を観察してみましょう。カウンセリングのなかで行う観察は，カウンセラーがクライエントにかかわりながら行う観察です。そのため観察されるクライエントの状態はカウンセラーに影響されている状態であるといえます。たとえば，初対面のクライエントがリラックスした様子でいたとします。それは笑顔のカウンセラーを見て「優しそう」と感じたためリラックスできたのかもしれません。カウンセラーとクライエントが出会った時点で，クライエントはカウンセラーの影響を受けており，カウンセラーもクライエントからの影響を受けています。

　カウンセラーのどのような振る舞いにクライエントがどう反応をするかを観察することができれば，より有効な介入がわかるでしょう。反対に，クライエントの振る舞いによってカウンセラーがどう反応をするかを知っておくことで，カウンセラー自身の思考や行動などの統制がとりやすくな

りします。たとえば，クライエントが沈黙すると口数が多くなってしまうカウンセラーの場合，沈黙時に何かを話さなければと焦ってしまい，口数が多くなり，ますますクライエントの言葉数が減ってしまうという相互作用が生じることに意識を持っておくと，沈黙に対して口数を減らすという統制をとりやすくなるはずです。

④環境を観察する

そして，4つ目の観察がカウンセリングを行っている環境についての観察です。面接室の広さ，机の位置，椅子の感触，部屋の温度，外から聞こえる音などもクライエントとカウンセラーに影響を与えています。そして，面接室がある機関・施設はどのような建物で，その建物には誰がいるのか，建物のどこに面接室があるのかも影響を与えています。もっというと，その機関・施設の立地や地域性なども影響しているでしょう。

面接室が広すぎると落ち着かない人もいれば，狭いと緊張が高まる人もいます。外からの音が気になってカウンセリングに集中できないことは，クライエントにもカウンセラーにも起こることでしょう。カウンセリングルームが医療機関の中に設置されていれば，外には医師や受付などがおり，学校の中に設置されていれば，教員や用務員などがいるでしょう。私設オフィスの場合には，近隣住民がいるかもしれません。それらが安心につながる方もいれば，不安が高まる方もいるでしょう。カウンセリングルームが建物の奥にあれば，カウンセリングルームに行くまでに誰かに会うのではないかと緊張するかもしれません。こうした外的環境はなかなか操作することができません。カウンセリングを行う環境が目の前のクライエントにどのような影響を与えているのか，そしてカウンセラー自身にどのような影響を与えているのかを観察しておくことが大事なのです。

2. 心理検査だけでかかわる事例

（1）事例の概要

　カウンセラーは精神科クリニックに勤務しています。これからお会いするクライエントの佐藤さんは 20 代後半の男性です。WAIS-Ⅳとバウムテストを実施する予定になっています。事前情報で，佐藤さんは仕事で叱責されることが多く，自分自身で発達障害の可能性があるのではないかと思い，精神科クリニックを受診したとあります。

　今は平日の午前中です。予約時間になったので，待合室に行き，「佐藤さん」とお呼びすると，ジーンズにトレーナー姿の男性が立ち上がりました。

　カウンセリングルームに案内し，着席した後，カウンセラーが挨拶をすると，佐藤さんは「よろしくお願いします」と明るく応答しました。財布と携帯をジーンズのポケットに入れており，カバンは持っていません。短髪で，髭も剃られており，清潔感があります。背筋をピンと伸ばして座り，視線はカウンセラーにしっかりと向けられています。両手は軽く握られ，膝の上に置かれ，少し体に力が入っている印象を受けます。カウンセラーの説明に「はい」「はい」とハキハキと返事をします。

　現在困っていることについては「仕事でよく怒られます」と話します。しかし具体的なエピソードを尋ねると，困ったような笑顔で「早くしろとか」と上司からの言葉を答えるものの，どういった状況かがよくわかりません。しかし「上司を怒らせないようにしたい」と自ら改善できる方法を知りたいようです。

　検査中も，姿勢を崩さず，教示中は，カウンセラーの目をじっと見つめ，「はい」と相槌をうちます。あまりに真っすぐ，じっと視線を向けら

れるため，カウンセラーは視線をそらし，マニュアルに目を向けたくなります。そして言語で回答する課題では，佐藤さんはハキハキと回答し，難しい課題では，首を少し傾け，苦笑しながら答えます。佐藤さんから質問や自発的な会話はありません。検査に対しては意欲的に取り組んでいますが端的な回答が多く，じっくりと考える様子はあまり見られませんでした。

バウムテストも短い時間で書き終えました。描かれた木について尋ねると，「大きいです」「夏です」など，カウンセラーが聞いたことには，短い言葉でハキハキと答えますが，ストーリーが語られず，佐藤さんの思い描いている映像を共有することが難しいように感じました。

すべての検査を終えた後，感想を尋ねると，首を少し傾け，苦笑しながら「難しかったです」と答えました。退室時には，カウンセラーのほうに向きなおり，一礼をしました。

（2）事例の解説

医療機関でカウンセラーとして勤務していると，心理検査だけでお会いするクライエントも多くいるでしょう。フィードバックは医師が行うことも珍しくありません。そうすると，カウンセラーがクライエントとお会いするのは，検査実施日だけとなります。初学者のなかには，心理検査とカウンセリングは別の業務だという認識を持っている方もいるでしょう。確かに心理検査とカウンセリングは，行う作業が異なります。しかし，クライエントとカウンセラーが出会い，そこに相互作用が生じ，何かしらの影響をクライエントに与えること，カウンセラーがクライエントに対して心理アセスメントを行うことなど，共通していることは多くあります。

本章では，心理検査の結果や内容の詳細については触れません。心理職による心理アセスメントの詳細は，拙著（浜内・星野，2023）を参考にし

てください。ここではカウンセリングと共通する部分に焦点をあてます。心理検査のときには，特に観察技法が重要視されます。心理検査の結果だけでなく，行動観察も解釈に組み込まれなければなりません。そして，心理検査は，検査者の介入がある程度決められており，スコアリングや解釈の際に心理アセスメントを落ち着いて実施できることから，検査中は観察することに注力しやすいといえるでしょう。

①クライエントを観察する

　クライエントにお会いして，一番最初に観察できるのは，見た目や雰囲気など，初期印象にまつわるものです。佐藤さんは，ジーンズにトレーナー姿でした。平日の午前中であることを考えると，職業にもよりますが，仕事を休んで来院された可能性もあります。そうすると，仕事を休んででも検査を受けたいという意欲があることが想像できます。また佐藤さんはカバンを持っていないため，この後，仕事に行く可能性は低そうです。服装から身軽でラフな格好を好まれる方なのかもしれません。しかし，きちんと髭を剃り，髪も整えていることから，定期的に美容室に行っていることが推測され，外に出るときには，身なりを意識する方であることがわかります。そしてカウンセラーが名前を呼ぶとすぐに反応していたので，待合室で待っている間，名前を呼ばれることにある程度意識が向けられていたのでしょう。カウンセリングルーム内では，自ら挨拶を行い，姿勢を正して座るなど，社会的に良いとされる振る舞いを行うことができています。一方で，そうした振る舞いが少し過剰なようにも感じられ，ラフな格好の見た目とのギャップがあります。佐藤さんの体に力が入っているようにも感じるため，「きちんとしなければいけない」という思いでいるのかもしれません。

　困っていることについては，「上司に怒られる」という事象や，実際に言われている言葉について語ることはできますが，怒られた理由や，佐藤

さん自身がそのことについて思っていることなどを語ることは難しいようです。検査中も，言語では短い回答が多く，聞かれたことのみに答えています。課題が難しいときには，困ったような表情を見せますが，苦笑いをしていることから，その場を取り繕っているような印象を受けます。

一方で，教示中はカウンセラーの目をじっと見つめ，カウンセラーの言葉にもきちんと返事をすることから，検査をいい加減に受けていたり，適当に回答をしているようには思えず，むしろ意欲的に取り組んでいるように感じます。このようなアンビバレントな印象を与えることが，佐藤さんの対人関係に少なからず影響しているのかもしれません。礼儀正しく社会的な振る舞いをすることはできますが，適度に力を抜いて，場面や相手に合わせた振る舞いをすることは難しい可能性があります。

そして，佐藤さんは自身のイメージや思考を言語化することや，相手に理解してもらいやすいように表現することも苦手としているでしょう。

②カウンセラー自身を観察する

佐藤さんの言葉数が少ないことや，困った様子のときにも笑顔を見せるため，はっきりと「困っている」と感じることができず，佐藤さんが考えていることが伝わりにくいとカウンセラーは感じています。また，じっくり考える様子が見られないことから「きちんと考えようとしていない」という印象も受けます。カウンセラーのなかに，佐藤さんに対して，礼儀正しく一生懸命に取り組む人という印象と，じっくり考えない人という印象といった，相反する評価が浮かびます。

また，教示中にじっと見られることで，居心地の悪さを感じていました。それはカウンセラーのパーソナルな部分も関係しているでしょう。カウンセラー自身が人から注目をされたり，人の目を見るのが苦手な場合，佐藤さんのようなタイプの人には苦手さを感じてしまいます。今回のカウンセラーは，佐藤さんにじっと見られることに耐え切れず，思わずマニュ

アルに視線を逃がしたくなりました。しかしカウンセラーは，視線を外したくなっている自分を意識し，マニュアルと佐藤さんとを，できるだけ交互に見るようにしました。

　さらに「もう少し語ってほしい」「どういうことかよくわからない」という思いがカウンセラーのなかに浮かんでいたかもしれません。しかし，質問を重ねると，佐藤さんは苦笑してその場をなんとかやり過ごそうとし，心理検査について「あまりうまく答えられなかった」という印象を強く残すことになったでしょう。そのためカウンセラーは，曖昧なところがあることを理解しつつも，質問を重ねることは控えました。

③相互作用を観察する

　今回，実施したWAIS-Ⅳは，構造化が強い検査のため，侵襲性が低いですが，検査時間が長くかかることや脳の疲労が大きくなることから，クライエントの負荷が大きい検査だといえます。佐藤さんは，負荷の大きな検査を実施しても，姿勢が崩れず，礼儀正しさは保たれており，常に体の力が入っていたようです。その力の入り方は，相手にも伝わり，打ち解けにくくしてしまうかもしれませんし，相手に居心地の悪さを与えてしまうかもしれません。

　佐藤さんは言葉数多くコミュニケーションをとるタイプではありませんので，相手が居心地の悪さを感じて言葉数を減らしてしまうと，お互いの相互交流がより生じにくくなる可能性があります。

④環境を観察する

　佐藤さんが自発的に来院したクリニックは，駅から近く，周囲には歯科や内科などほかのクリニックや薬局，美容院やドラッグストアなど多くの人が利用する施設が集まっています。初めて精神科を受診する方にとっても，比較的，来院しやすい立地と雰囲気でしょう。

　カウンセリングルームの扉を閉めてしまえば，外部の音がほとんど遮断され，とても静かです。壁紙は白く，壁にはカレンダーが掛けられているだけです。机と椅子が4脚あるだけのとてもシンプルな部屋です。机の上には時計と検査に必要なものしか置かれていません。佐藤さんはカウンセリングルームに入った際，面接室を見渡すことはなく，警戒する様子もありませんでした。

　着席や荷物の置き場所など，カウンセラーが指示したことにもスムーズに従えていたため，佐藤さんにとっては受け入れやすい環境だったのかもしれません。検査中も特に注意集中が途切れることはなく，カウンセラーの声が聞き取りにくいといった様子もありませんでした。

（3）事例のまとめ

　佐藤さんの事例を用いて，カウンセラーが観察しながら，どこに着目し，どのようなことに思いを巡らせていたかを記述してみました。もちろん，これらはすべて仮説や想像でしかありません。臨床心理学や精神医学，神経心理学的な知識を元に，心理検査の結果と合わせて，観察したこととそこから立てた仮説とを組み合わせ，総合的に佐藤さんがどのような人であるのか，今後，仕事をうまくやっていくためにはどうしたらよいのかについて検討する必要があります。

　しかし，佐藤さんがどのような人であるのか，しっかりと観察するだけでも，多くの情報が集まり，いくつかの仮説が立てられたのではないでしょうか。観察技法を身につける際に重要なことは，クライエントやカウンセラー自身，カウンセリング環境などさまざまなところへ視点を向けることと，観察しながら思いを巡らせることです。最初は，カウンセラーの主観が強くなってもかまいません。観察したことを同僚に話してみたり，スーパーヴィジョンなど訓練の場で聞いてもらったりすることで，考えが

言語化され，主観に客観性が伴ってきます。反対に，同僚や同業者の方が何を観察しているのかを聞いてみるのもよいでしょう。

　観察技法は，カウンセリングだけでなく，あらゆる臨床現場で活用することができます。スクールカウンセラーとして教室に子どもの様子を見に行くとき，生活指導員として児童養護施設で子どもと生活を共に過ごしているとき，デイケアで利用者さんと一緒にプログラムを楽しんでいるときなど，カウンセリングのような枠がない場面でも役立てることができます。

⇄　「観察技法」のまとめ

1　クライエントに会うときには常に必要な技法です。

2　「クライエントを観察する」「カウンセラー自身を観察する」「相互作用を観察する」「環境を観察する」という4つの観察を意識しましょう。

3　カウンセラーの観察が主観に偏りすぎないために，同僚と観察したことについて話し合ってみたり，訓練の場で意見を聞いたりしましょう。

▶▶▶　この章を読み終わった後は

　観察技法は，本書で解説する技法のなかで，唯一カウンセラーが1人でも練習できる技法です。仕事に行く前に，朝に鏡の前で自分自身をチェックしましょう。そして職場に行く道中には町の様子，カウンセリングルームに行くまでの通路，カウンセリングルームの中をゆっくりと観察しましょう。またクライエントが来る前に，クライエントが座る場所とカウンセラーが座る場所に交互に座り，それぞれから見える景色，音，匂い，温度を感じましょう。そしてクライエントにお会いする前に，前回お会いしたクライエントを思い出してみましょう。

文献
古宮昇（2019）．プロが教える共感的カウンセリングの面接術．誠信書房．
浜内彩乃・星野修一（2023）．心理職は検査中に何を考えているのか？──アセスメントからテスト・バッテリーの組み方，総合所見作成まで．岩崎学術出版社．

2章
非言語コミュニケーション

1. 技法についての説明

（1）かかわり行動とは

　観察技法を意識することができるようになったら，次は，クライエントとかかわる際の基本的な技法を身につける必要があります。アレン E. アイビイが提唱したマイクロカウンセリングでは，カウンセリングの最も基本的な技法として，①視線合わせ②身体言語③声の質・調子④言語的追跡の4つの「かかわり行動」をあげています。いずれも言語を介さない非言語コミュニケーションです。本章ではこの4つのかかわり行動を基盤としながらも，さらに幅広い非言語コミュニケーションについて説明をしていきます。いきなりすべてを身につけることは困難ですので，まずは「かかわり行動」を意識するだけでもよいでしょう。非言語コミュニケーションは，クライエントによって，また話されている内容や様子によって適切なものが異なります。そのため，観察技法を使ってクライエントを注意深く観察したうえで，用いることが重要となります。

（2）4つのかかわり行動

①視線合わせ

　1つ目の「視線合わせ」は，視線によるコミュニケーションを指します。見るところ，見る時間，視線の合わせ方など，視線だけでさまざまなコミュニケーションをとることができます。「目は口ほどにものを言う」ということわざがあるくらい，まなざしや視線は，人の感情や思いを伝えます。

　たとえば，クライエントが話しているときに，カウンセラーがクライエントを見つめながらゆっくりと瞬きをすると，話の内容を理解している・同意しているという印象を与えるでしょう。反対にカウンセラーがクライエントに真剣な思いを伝えるときには，じっとクライエントの目を見ることで真剣さが伝わるでしょう。

　ただし，気をつけなければいけないのは，「視線合わせ」は，文化や環境によって，好ましいとされる頻度や方法が異なるということです。一般的に，東アジア人は，欧米人に比べてアイコンタクトの頻度が低いといわれています。明地ら（2013）の研究では，日本人はアイコンタクトをとられると，その相手に対して「近づきがたい」「怒っている」と感じやすいという結果になりました。話を聞くときに相手の目を見るようにと言われることは多いですが，クライエントの目を見つめすぎると，居心地の悪さを感じさせてしまうかもしれません。文化圏という大きなくくりで説明をしましたが，日本人であっても，視線を合わせることがより苦手な方から，じっと目を見て話す方までさまざまです。目の前にいるクライエントの視線にも着目し，クライエントに合わせた視線の使い方を考えましょう。

　クライエントの目を見る，口元など少し視線を外して見る，手元やテー

ブルなどに視線を落とすといったカウンセラーの視線の送り方が，クライエントにどのような印象を与えるのかを想像し，伝えたいメッセージに合わせた視線を送りましょう。

　マイクロカウンセリングでは，「視線の合わせ方」について多く述べられていますが，私は視線の合わせ方だけでなく，視線によるメッセージも大切だと考えます。たとえば，カウンセリングの終了時間が近づいてきたときに，カウンセラーがあえて時計に視線を送ることで，クライエントに「もうすぐ終わりですよ」というメッセージを伝えることができます。一方で，クライエントが深刻な話をしている最中にカウンセラーの視線が時計に向くと「集中して聞いていない」というメッセージになってしまうかもしれません。カウンセラーが発する言葉を考える際，視線を斜め上に向けるのか，斜め下に向けるのか，キョロキョロと視線を動かすのかによっても，与える印象は異なるでしょう。

　カウンセラーとクライエントがそれぞれの視線を自由に使えるようにするために，お互いが座る位置を工夫したり，机の上にカレンダーや時計など視線を逸らしやすいアイテムを置いたり，ソファやリクライニングチェアなど座り方によって視線を調整できる椅子を用意するなどカウンセリングルームの環境を工夫しておくのもよいでしょう。

②身体言語

　2つ目の「身体言語」は，視線だけではない身体全体での非言語コミュニケーションを指します。具体的にはカウンセラーの姿勢，体の向きなどです。たとえば90度対面法でカウンセリングを実施しているとき，カウンセラーとクライエントは直角の位置に座っています。この座り方は，180度対面法（正面に向かい合って座る）よりも，圧迫感を与えにくいといわれます。しかし，90度対面法では，両者が真っすぐ正面を向くと，視線は交わることがありません。森下（2012）の研究では，不快感情を感

じた体験について報告する際，聞き手が話し手の表情を模倣し，かつ適度な頻度または高い頻度で視線を合わせることで，話し手は，話を受容してくれていると感じ，自己開示しやすいと感じていました。つまり，90度対面法で，お互いが視線を交えない姿勢では，クライエントが話しにくいと感じてしまう懸念もあるでしょう。そこで，90度に座っていても，クライエントの様子や話す内容に合わせて，体や顔の向きをクライエントに向けることも必要でしょう。

　また，一般的には，カウンセラーは，腕や足を組まず，少し前傾になり手は机の上で軽く組む姿勢が好ましいとされています。この基本姿勢を実践することは大切ですが，これもクライエントの様子や話す内容によって柔軟に変えることが必要でしょう。クライエントと一緒に困る場面や考える場面では，カウンセラーが腕組みをすることや，手をあごの下にもっていくこともあるでしょう。また，カウンセリングルームにあるのがゆったり深く座れるソファで，クライエントがリラックスした様子でソファにもたれかかっていたら，カウンセラーも同じように深くゆったり座ることで面接室全体がゆったりとした空気になるでしょう。先の森下（2012）の研究にも，聞き手が「話し手の表情を模倣」することが，話し手にとって話しやすいとあったように，姿勢なども模倣することで，話しやすいと感じてもらえます。これは1章で述べたミラーリングと同様です。

　また，カウンセラーが驚いたときに表情だけでなく，体をのけぞらせたり，喜んだときに両手を広げたりと，体全体で表現することで，よりクライエントに伝えたいメッセージがより伝わるでしょう。自閉スペクトラム症の特性が強い方は，言葉や表情だけではカウンセラーの伝えたいメッセージが十分に伝わらないことがあります。少し大げさと思われる程度に，体と顔全体で感情を表現するほうが，伝わりやすくなるでしょう。

　ハイテーブルと椅子が設置されているカウンセリングルームでは，下半身がほとんど視界に入らないため，上半身での非言語コミュニケーション

2章

非言語コミュニケーション

が主となります。反対に，ソファとローテーブルが設置されている場合には，全身が視界に入りやすくなるため，足の位置や座り方なども大きく影響します。緊急対応のときや臨床現場によっては，椅子や机がないところでクライエントと話をすることもあるでしょう。そのときには，床に胡坐をかくのか，または正座をするのかなどの座り方も，選択肢にあがります。クライエントと出会う環境に応じた身体言語を検討することが大切です。

③声の質・調子

3つ目の「声の質・調子」は，カウンセラーが言葉を発する際の声の大きさ，声の高さ，話すテンポ，語気，声質などを指します。内田と中畝（2004）の研究では，話す速度や声の高さによって話し手の性格印象が決まるという結果になりました。たとえば，速く話すと社交的に見られやすいですが，温和な印象は下がるといった具合です。つまり，カウンセラーの声の質・調子は，クライエントがカウンセラーの性格印象を決定づけることに影響しているということになります。

社交的で明るいカウンセラーを好むクライエントであれば，少し速めのテンポで話すほうがよいですし，反対に温和なカウンセラーを好むクライエントであれば，少しゆっくりめのテンポで話すほうがよいということになります。どのようなカウンセラーを好むかは，クライエントによって異なるでしょう。高齢者や感覚過敏を持ったクライエントであれば，高音よりも低音の声のほうが聞き取りやすいでしょう。1章で述べた観察技法を用いて，クライエントに合う声を探る必要があります。

また，相手の好みがよくわからない場合には，これまでに述べてきたとおりに，声に関してもクライエントに合わせることが有効とされています。ゆっくり話すクライエントにはゆっくり話し，早口で話すクライエントには，速めに話すといった具合です。しかしあえてクライエントと同調

させないこともあります。たとえば，クライエントが興奮状態で来室し，早口かつ大きな声でまくし立てているときに，カウンセラーも同じように早口で大きな声で応答すると，さらに興奮を高めてしまいます。そのため，カウンセラーがわざとゆっくりと低い落ち着いた声で話すようにすることで，クライエントの興奮を落ち着きやすくします。

　最初はクライエントと同じように早口かつ大きな声で応答し，そこから徐々に話すスピードを落とし，声のトーンも下げていくことで，クライエントが誘導されて落ち着きを取り戻すというテクニックを使う場合もありますが，これは声だけでなく，呼吸や視線なども合わせて行うことでより効果が発揮されますので，初学者が専門的に学ばすチャレンジするにはリスクがあるでしょう。

　また，クライエントに対して，強調したいことがある場合には，語気を強めたり，低いトーンにしたりする場合もあります。クライエントの報告に歓喜する場合には高いトーンに，内緒話をするときには小さな声になることもあります。

　さらに声の質・調子は，相槌や「そうですね」などの短い言葉でも多彩な意味を付与できます。短く「うん，うん」とテンポ良くうなずく，「うん」と大きく深くうなずく，「うん……」と語尾を弱めてうなずく。これらはすべて与える印象やメッセージが異なるでしょう。

　また，カウンセリングルームの環境も検討しなければなりません。カウンセリングルームの外で工事をしているなど，外部の環境音が大きな場では小さな声は聞き取りにくく，クライエントに負担を与えます。しかし，カウンセリングルームの壁が薄く，外の声がよく聞こえるといった場合にカウンセラーが大きな声で話すとクライエントは外に漏れるのではないかと不安になるでしょう。

　そして，声の質・調子だけでなく，口調や方言，敬語など話し方についても意識を向ける必要があります。私は関西で生まれ育っていますので，

フランクな話し方になると，関西弁が出ます。反対に敬語をしっかり意識すると，標準語に近くなり，クライエントから「関東ご出身ですか？」と聞かれたりします。これもどちらが適切かということではありません。クライエントの雰囲気，口調，年齢差，関係性，相談内容などを観察して決定していきます。

　私が20代のころは，正しい敬語を用いて，はっきりした口調で話すことが多かったように思います。当時の臨床現場は，子育て中の方やご年配の方が多く，見た目で「頼りない」（実際に臨床歴も浅く，頼りなかった）と思われることが多かったため，礼儀正しさを強調し「きちんとしている」「しっかりしている」という印象を持たれやすいようにしていました。一方で，小中学生のクライエントには，「そうなんやぁ」など砕けた言葉を用いて，親しみが湧きやすいようにしていました。思春期のクライエントの場合，「大人と対等でいたい」という気持ちを持っていることもあるため，様子をうかがって，敬語で話すか，砕けた言葉で話すかを決めていました。また，方言でなければ伝わらないニュアンスもあり，ピンポイントで方言を使うということもありますが，これはクライエントが同じ方言を使っている場合にのみ有効な手段です。

④言語的追跡

　4つ目の「言語的追跡」は，クライエントが使った言葉を用いること，クライエントが話すことについていくことです。たとえば，クライエントが「イライラするんです」と言ったとき，カウンセラーが「腹が立ったんですね」と言うと，言語的追跡ができていないことになります。「イライラする」も「腹が立つ」と意味は同じですが，ニュアンスが異なります。クライエントが表現したことをそのまま用いることで，クライエントは自分の言葉をきちんと聞いてくれているという安心感を得ることができます。

　またクライエントが「家の中でイライラすることが多くて」と話したときに，「お子さんのことですか？」とカウンセラーが応答するのも言語的追跡ができていません。「家の中でイライラすることが多いのですね」とオウム返しすることが，言語的追跡になります。こうしたオウム返しでは，「家の中で？」のように，言葉の一部のみを繰り返すこともありますが，こうすると繰り返した一部にカウンセラーが焦点をあてようとしている（気になっている）というメッセージにもなるため，カウンセラーがやや話題の方向を決定していることになります。クライエントが話した言葉をまずは丁寧に聞き，クライエントが使った言葉をそのまま用いることをこころがけましょう。

　1章で，カウンセラー自身についても観察することを書きましたが，非言語コミュニケーションでは，さらにカウンセラーが自分の特徴を知り，自分自身を使いこなすことが必要になります。

（3）クライエントの呼称とカウンセラーの服装

　次にクライエントの呼称について話をします。基本的には苗字にさん付けをすることが一般的だと思いますが，保護者相談では苗字で呼ぶか，「お母さん・お父さん」「お母様・お父様」と役割で呼ぶか，選択肢が出てきます。私は保護者としてお会いしているのか，当事者としてお会いしているのかによって相手の呼び方を決めています。未成年のクライエントの場合には，名前にさん付けをすることが多いでしょう。これは保護者の方にお会いするときに同じ名前を呼ぶことを避けるということや，兄弟の話題をする際にわかりやすくする意図もあります。また，保護者の方が年長の子を「お姉ちゃん・お兄ちゃん」と呼んでいることはよくありますが，カウンセラーがクライエントの子どもに対して，同じように呼ばないように気をつけることも大切です。カウンセリングの場で，クライエントは

「お姉ちゃん・お兄ちゃん」ではないためです。

　最後に，カウンセラー自身の服装や髪形など，見た目も非言語コミュニケーションになります。カウンセラーに力量があれば，見た目なんて関係ないというのはそのとおりですが，それはある程度クライエントとの関係が築けるようになってからの話だと思います。第一印象で「このカウンセラーと話したくない」と思われると，そこから関係を築いていくには労を要します。日本では，カウンセラーがどこにでもいて，自由に相談先を選ぶということは残念ながら難しいでしょう。そのため，クライエントがカウンセラーを選べる環境ではないことをカウンセラーが自覚しておく必要があり，一般的な通勤時の格好が無難です。

　カウンセリングする場所が医療機関か，教育機関か，福祉機関かによって好まれる見た目は異なると思いますし，自分の見た目（実年齢ではなく）が与える印象もクライエントの年齢層や性別によって異なると思います。カウンセラーが同じ服装やお化粧をしていても，派手に見られるタイプの人とそうではないタイプの人もいるでしょうし，地域性によってもきちんとした格好を求められる場合と，ラフな格好が好まれる場合があります。観察技法を用いながら，自分がどのように見られているか，どのように見られたいかをある程度意識することは必要なことだと思います。

2.　自分が何もしていないと感じる事例

（1）事例の概要

　カウンセラーは学生相談室に勤務しています。本日のクライエントは，勤務する大学に通う鈴木さんです。3年生の後期から，将来への不安を強く感じるようになり，授業を休みがちになって，学生相談に通うようになりました。鈴木さんはそれまで大きな問題はなく過ごしてきました。学生

相談では週1回，50分，180度対面でカウンセリングを継続しています。

　鈴木さんは一人暮らしです。睡眠や食欲は保てており，家事もそれなり
にこなすことができています。大学入学時より近所のコンビニでアルバイ
トをしていますが，それには無遅刻無欠勤で行っています。

　しかし，授業がある朝は，起きることがしんどく，そのまま布団から出
られないことがたびたびありました。それでも遅刻や早退，保健室の利用
などを駆使して，なんとか単位を取得していました。3年生の後期を終え，
春休みに入ると，内定をもらう同級生もでてきたことから，さらに不安が
増し，気分が落ち込むようになりました。

　鈴木さんはカウンセリングのなかで，ソファに深く座り，部屋の片隅を
ぼんやりと見つめ，涙を流しながら，「働くこと」「大人になること」への
漠然とした不安を訥々と語り，「学生のままでいたい」気持ちと「留年は
したくない」という気持ちとの葛藤が日に日に増していると話しました。

　カウンセラーは，生活費を自分で稼ぎ，しんどい気持ちがありながらも
単位を落とさない程度に出席したり課題を提出したりしている鈴木さんの
話を，ただ聴くことしかできませんでした。鈴木さんと同じようにソファ
に深く座り，鈴木さんがカウンセラーのほうを向かなくとも，じっと鈴木
さんの顔を見つめ，低めの声で，ゆっくりと応答しながら，「学生のまま
でいたい」鈴木さんと，「留年したくない」鈴木さんのどちらに同意して
も，もう片方の鈴木さんが置いてきぼりになってしまうように感じていま
した。カウンセラーは，鈴木さんの状況をモラトリアム期であると見立
て，身動きがとれない今の状況を体験することは鈴木さんの発達過程にお
いても大事なことだと考えました。そこで，「学生のままでいたい……でも留年はしたくない……」と鈴木さんが話した言葉をそのまま繰り返した
り，彼女の沈んだトーンに合わせて，声のトーンやテンポを落とし，とき
には涙を流しながら語る鈴木さんに，眉を寄せゆっくりと首を縦に振りな
がら，柔らかな視線を送ることをこころがけました。

　鈴木さんが語る内容は毎回ほとんど同じでしたが，4年生の後期になると同級生の大半が内定を決め，親からの連絡も増え，現実的にいよいよ猶予がなくなっているようでした。その結果，鈴木さんは11月初旬の2週間はまったく授業に出ることができなくなりました。かろうじて学生相談は休まずに来室していましたが，抑うつ的な様相は面接室全体を覆い，お互いの体がずっしりとソファに埋もれていくような重い空気を感じていました。カウンセラーは追い詰められたように思い，肩を落として，鈴木さんがポツリポツリと話すことに「そうだね……」と視線を落として呟き，体はほとんど動かせず，苦しい表情で首を縦に動かすことしかできませんでした。

　そして12月に突入し，寒さが増した回，鈴木さんはいつもよりも明るい表情でやってきて，「バイトを辞めました」と報告をしました。カウンセラーが驚きの表情を見せると，鈴木さんは「ふふっ」と笑い，「親に正直に話したんです。今の状況を。それで，卒業まではとことん学生をさせてほしいってお願いをしたんです」と話を続けました。卒業までの残り4カ月間の生活費は，鈴木さんの貯金と，親から少し仕送りを増やしてもらうことで乗り切ること，その代わり卒業と就活をきちんとすることを約束したところ，思いっきり学生を満喫することに気持ちが向かい，気持ちが晴れたとのことでした。

　鈴木さんの急な変化にカウンセラーは圧倒されつつも，眉と目を大きく開いて鈴木さんを見つめ，ソファに浅く腰掛け，前傾姿勢にして，いつもより高めの声で応答し，変化を共に喜びました。

（2）事例の解説

　鈴木さんのように，特に何か特別な介入をしたわけでもないにもかかわらず，回復していく事例に出会うことはあるでしょう。こうしたとき，カ

ウンセラーはクライエントの回復を喜ぶと同時に，狐につままれたような思いになります。そして，成功事例といってもよいはずなのに，「自分は何もしていないから，次に活かすこともできない」と考えてしまう人もいるでしょう。

　もちろんこうした回復の背景に，クライエント自身の力が大きく働いていることは間違いありません。相談にやってきているクライエントは，変わっていく力，自分の人生を切り開いていく力，現実を乗り越えていく力など，さまざまな力が自身のなかにあるはずなのに，それがうまく機能していない状態になっているということも多くあります。

　鈴木さんは，学生相談につながるまで大きな問題もなく，一人暮らしをして，社会生活や日常生活を保つことができています。また授業を休みがちになったと同時に学生相談につながる力も持っています。学生相談につながった後も，日常生活や学校生活が大きく破綻することはありませんでした。このように精神活動が低下しても，現実適応が崩れないだけの力を持っている方だといえるでしょう。

　そして，カウンセラーは本当に何もしていなかったのでしょうか。カウンセラーは，鈴木さんの状態をモラトリアム期であることを見立てており，「学生のままでいい」という気持ちと「留年したくない」という気持ちとで葛藤している鈴木さんのどちらにも同意せず，身動きがとれない状態を体験することが大事だと感じています。

　カウンセラーが「留年してもいいと思う」と伝えたり，「社会人にはなるものだ」と伝えたりしても，鈴木さんは「わかってもらえない」と感じたのではないでしょうか。そして，そうした葛藤を「誰にでもある」ことだと言わんばかりに明るく接したり，同じ話を何度も聴くうちに相槌が適当になっていたりしていたとしたら，鈴木さんは，来室を継続しなかったかもしれません。身動きがとれない苦しさを，カウンセラーも一緒に体験しているという非言語コミュニケーションがあったからこそ，鈴木さんは

こうした事態に孤立せずにすんだのでしょう。改めてカウンセラーが行った非言語コミュニケーションについて振り返ってみましょう。

①視線合わせ

　最初，カウンセラーは鈴木さんの顔を見つめながら話を聴いていました。このときには，鈴木さんの思いをしっかりと聴いて受け止めようとする意志が伝わります。そして，鈴木さんの沈んだ様相が強くなると，カウンセラーは柔らかな視線を送るようこころがけました。しっかりと話を聴く姿勢から，鈴木さんを見守ろうという姿勢に変わっているのがわかります。さらに身動きがとれない状況になったときには，カウンセラーは視線を落としました。重い空気をカウンセラー自身も感じていることが表れていたでしょう。

　一方，大きな展開が起こったときには，目を大きく見開いて鈴木さんを見つめています。喜びと驚きが視覚的にも伝わります。

②身体言語

　180度対面で座り，ソファにローテーブルの面接室のため，お互いの全身が見えている状況です。カウンセラーは，鈴木さんと同じようにソファに深く座るようにしています。ミラーリングの効果もあるうえに，切羽詰まっている現状に対して，どっしりとかまえた対応をするというカウンセラーの思いも伝わってくるようです。

　カウンセラーは重苦しい状況のなかでは，声を出すのではなく，首を動かすことで，同意しているという意思を伝えたり，どうしようもなさを表現したりしていました。眉を寄せて話を聞いていたときには，鈴木さんが困っていることをカウンセラーも受け取っているというメッセージになっていたでしょう。険しい表情になっていたときには，鈴木さんの完全に身動きがとれなくなった状態にカウンセラーも苦しい表情で，どうすること

もできない思いを表現していました。

　そして展開が生じた際には，ソファに浅く腰掛け，前傾姿勢になることで，前のめりに話を聴こうとする様子や嬉しさが表現されています。

③声の質・調子

　カウンセラーは鈴木さんの様子に合わせた低めの声で，ゆっくりとした話し方を基本とし，鈴木さんの様子がさらに沈んだときには，さらにトーンとテンポを落としました。どうすることもできない状況になったときには，言葉を発しないという選択をしています。ときには唸るような音やため息のような応答があったのかもしれません。

　展開が起こった際には，高めの声で驚きと喜びを表現しています。

④言語的追跡

　今回の事例では，カウンセラーはほとんど言葉を発していませんが，鈴木さんが語る内容について，そのまま繰り返すということをしています。鈴木さんは，抑うつ的な様相ではありますが，言葉を発し，自分自身と向き合おうとしている姿勢が伝わってきます。そのため，鈴木さんの言葉を繰り返すことで，カウンセラーが鈴木さんの言葉を受け止めていることを伝え，鈴木さんも自分自身の状況を客観的に捉えることができたのではないでしょうか。

（3）事例のまとめ

　このように非言語コミュニケーションを，クライエントの様子や話す内容に応じて使うことで，鈴木さんの気持ちに寄り添っていたことが伝わってきます。

　カウンセラーが見立ても方針も立てずに，ただ話を聴くだけということ

は，推奨されることではありません。命の危険性はないか，生活はできているかなど，クライエントの身の安全確認は必須です。そのうえで，見立てがうまくまとまらない，方針をどのようにしたらよいかわからないという事態は生じます。カウンセラーは万能ではありません。わからないときはわからないのです。もちろん，その間もわかろうとする努力は必要ですが，方針がある程度決まるまでの間にできることは，とにかく非言語コミュニケーションを駆使して，クライエントにかかわり続けようとすることです。

　また鈴木さんのように，「働かなければいけない」といった社会規範についての葛藤が生じているクライエントの場合，社会規範について道徳的に話をする役割は家族や教員，ときには主治医などが担うでしょう。そうしたなか，「身動きがとれない」ことを徹底的に共有する役割を担うことができるのがカウンセラーだと考えます。また，「クライエントに巻き込まれる」という言葉がありますが，クライエントのことを理解しようとする以上，巻き込まれることは当然だといえるでしょう。しかし，反対にクライエントと完全に同じになることもできません。カウンセラーとして，クライエントと自分自身をしっかりと観察したうえで，自分自身の言葉や行動をクライエントに合わせて調整することをこころがければ，巻き込まれているところと，クライエントと完全に同じではないところに気づくことができるでしょう。そうした気づきから現在のクライエントとカウンセラーの関係性を考えることができ，客観的にカウンセリングの場を眺めることができます。

　非言語コミュニケーションも，さまざまな場所で活用することができます。デイケアや児童養護施設のように，対象者が複数人いる場合には，その場全体に合わせた非言語コミュニケーションをとるのか，それとも，一人の対象者に合わせた非言語コミュニケーションをとるのかを選択することもできるでしょう。

⇄ 「非言語コミュニケーション」のまとめ

1 「かかわり行動」とは言語を介さない非言語コミュニケーションであり，視線合わせ，身体言語，声の質・調子，言語的追跡の4つがあります。

2 クライエントに合わせた非言語コミュニケーションを用いることが大切です。

3 カウンセラーの非言語コミュニケーションがクライエントにどう映っているかを意識しましょう。

▶▶▶ この章を読み終わった後は

鏡の前に立って表情や動きを確認したり，声を録音してみたり，コラム1（32頁）にあるゲームをしたりして，表情や声の表現方法を練習しましょう。

文献

明地洋典・長谷川寿一・ヒエタネン，J. K.（2013）．日本人はアイコンタクトをとられると「近づきがたい」と感じる――より円滑な異文化コミュニケーションに向けて．東京大学大学院総合文化研究科.

森下朝日（2012）．聴き手の表情とアイコンタクトが発話者の心理に及ぼす影響――発話者の感情体験報告時．日本心理学会第76回大会論文集.

内田照久・中畝菜穂子（2004）．声の高さと発話速度が話者の性格印象に与える影響．心理学研究，**75**(5)，397-406.

コラム1

ゲームで非言語的コミュニケーションのトレーニング

　カウンセラーの表情は，非言語的コミュニケーションにおいて非常に重要です。困っている顔，辛そうな顔，怒っている顔，嬉しい顔，恥ずかしい顔など，言葉を使わずに表情だけでどれだけ表現できるかをぜひ鏡の前でやってみてください。眉毛の動かし方，目の開閉，口の形，頬の筋肉の動かし方，首の傾きなど，顔だけでも随分と多くのメッセージを伝えることができます。

　100均のダイソー（DAISO）で売っているボードゲーム『変顔マッチ』は，カードゲームをしながら，さまざまな表情をして，それが相手に伝わるかどうかを試すことができます。「変顔」が基本ですので，カウンセリングにそのまま役立てるわけにはいきませんが，自分が思う表情が，どれくらい相手に伝わるかを楽しみながら知るにはよいのではないでしょうか。

　また，2019年以降の新型コロナウイルス（COVID-19）流行を経た現代の現場ではマスク着用でカウンセリングを実施することも少なくないでしょう。その場合に意識したいのは，眉毛の動きです。両方の眉毛を大きく上げると，驚きや喜びが伝わりやすく，眉間に皺を寄せると困り感が伝わりやすくなります。また眉間を上げて眉尻を下げると悲しみや辛さが，眉間を下げて眉尻を上げると怒りや嫌悪が伝わりやすくなります。先ほど

のゲームをマスク着用で試してみても練習になるでしょう。

　顔の筋肉をうまく動かせない方は，口を大きく開け，50音をできるだけ顔全体で表現してみるなどして，顔の筋肉に意識を向けるようにしてみてください。

　そして，声の質・調子を活用するためには，自分の声質を理解しておくことも重要です。自分が普段話している声を録音して聞いてみたり，友人や家族に自分の声がどのように聞こえているかを聞いてみるのもよいでしょう。また遊びのなかで練習するには，『変顔マッチ』と同じ製作者考案の『はぁって言うゲーム』（米光・白坂，2018）が有効です。このゲームでは，感心の「はぁ」，怒りの「はぁ」，失恋の「はぁ」など，割り当てられたシチュエーションを声と表情だけで表現します。これも自身の思いと表現とがどれくらい一致しているかを楽しみながら知ることができます。

文献
米光一成・白坂翔（2018）．はぁって言うゲーム．幻冬舎．

コラム1　ゲームで非言語的コミュニケーションのトレーニング

3章

閉ざされた質問・開かれた質問

1. 技法についての説明

（1）2つの質問形態

　非言語コミュニケーションに意識を向けることができるようになったら，いよいよクライエントとの言語的なやりとりにかかわる技法です。カウンセリングでは，基本的にクライエントが主体となって話をします。しかし，クライエントが初めてカウンセリングルームにやってきて，カウンセラーが何も言っていないのに，自由に話し始めるということはありません。「今日，相談したいと思っていることを教えてください」「どのようなことでお困りでしょうか」など，ある程度，カウンセラーが口火を切ってから，クライエントが話し始めることになります。

　そして，話が始まってからも，クライエントが思いつくままに話をしているだけでは，アセスメントに必要な情報をうまく聞けなかったり，話の文脈がよくわからなかったりすることになります。アセスメントをするための情報が集まらないと，的確に心理アセスメントを行い，クライエントに合わせた方針を立てることができません。また，どのように話せばよいか，自分が何を話したいと思っているのかをクライエント自身もわかっていないこともあります。

　そこで，カウンセラーは，クライエントに質問を投げかけます。カウンセラーが行う質問の形態は大きく分けて２つで，「閉ざされた質問」と「開かれた質問」です。閉ざされた質問は「はい」「いいえ」など，回答がある程度決められている質問を指します。たとえば，「家族のことでお困りですか？」という質問は，「はい」か「いいえ」の回答で成立するため，閉ざされた質問になります。反対に開かれた質問は，自由回答が求められる質問を指します。たとえば，「どのようなことでお困りですか？」という質問は，「家族のこと」「自分のこと」「仕事のこと」など多くの回答が考えられるため，開かれた質問になります。

　開かれた質問は，クライエント側の回答を自由に促すわけですから，クライエントが話したいことを話しやすくします。そのため，カウンセリングの最初には，冒頭に書いたように「どのようなことでお困りでしょうか？」など開かれた質問にすることが望ましいでしょう。そして，クライエントが話し始め，話を聞いているうちに，細部について確認が必要になると「それを言ったのはあなたですか？」「仕事をしているときですか？」など，閉ざされた質問をします。自ら話す力があるクライエントには開かれた質問で全体を捉え，閉ざされた質問で細部を確認していくというイメージを持っておくとよいでしょう。

　また，カウンセリングは，アセスメントのために必要な情報収集がメインとなるもの（インテーク面接やアセスメント面接）と，カウンセリングの目的に沿って面接を進めていくものと大きく２種類あります。このどちらの面接をしているかによって，質問の多さを調節したり，閉ざされた質問と開かれた質問を使い分けたりすることが必要となります。

（２）情報収集がメインとなるインテーク面接での使い分け

　まず，インテーク面接やアセスメント面接の場合について考えていきま

しょう。インテーク面接やアセスメント面接は，クライエントと出会って1回目〜3回目くらいまでを指します。そしてインテーク面接やアセスメント面接では，実施している機関で対応が可能かどうか，自分が対応可能かどうか，カウンセリング方針や来談計画につなげるための来談目的の特定，来談へのモチベーション，経済状況，（医療機関以外の場合には）医療機関の必要性などを知るための情報収集を行います。クライエントが自由に語るなかに，これらの情報が含まれていない場合には，情報を得るための質問をしていきます。そのため必然的に質問は多くなり，カウンセラーが何を聞きたいと思っているかや，質問の意図を明確に示すことが多いでしょう。具体的なやりとりを提示しながら説明していきます。やりとりには2章で解説した「言語的追跡」も使われています。

　次に示すのは来談目的について確認をしているところです。最初はクライエントが相談したいことを開かれた質問で尋ねます。

　　カウンセラー　どういったことを相談したいと思っていますか？
　　クライエント　仕事がうまくいかなくて。そのことで困っています。

　クライエントの相談したいことはわかりましたが，どのように困っているかがよくわかりません。来談目的をさらに特定することが必要になります。相談内容が漠然としているため，開かれた質問で尋ねます。

　　カウンセラー　仕事がうまくいかないということについてもう少し教えてもらえますか？
　　クライエント　システムを作る仕事をしているのですが納期を守ることができなくて。

困っていることについて，具体的になってきました。クライエントの来談目的を確認するために，閉ざされた質問で尋ねます。

カウンセラー　納期を守るために，どうしたらいいかを相談したいということでしょうか？
クライエント　はい，そうです。

開かれた質問を繰り返していくなかで，カウンセラーが知りたいと思っている情報が徐々に絞られていくのがわかると思います。そして，だいぶ情報が明らかになった段階で，クライエントとの認識が合っているかどうかを確認するために，閉ざされた質問をします。

（3）カウンセリング場面での使い分け

次にカウンセリング場面における質問について考えていきましょう。カウンセリング場面でカウンセラーが質問をする目的は，クライエントが語っていることをより理解するためと，クライエントの理解を促進するための2つに大別されます。

①クライエントが語っていることをより理解するための質問
まずはクライエントが語っていることを理解するために質問する場面を具体的なやりとりを提示しながら説明していきます。

クライエント　最近，家の中でイライラすることが多くて。自分でもイライラしちゃいけないって深呼吸して対処しようと思ったんですが，なかなか収まらなくて。どうしたらいいかわからなくて。

　クライエントはイライラすることに困っており，対処法を尋ねていますが，これだけでは方針を決めることができません。クライエントが何にイライラしているのか，どうしてイライラするのかなど，わからないことがたくさんあります。そこで開かれた質問を用いて，状況を明らかにします。

　　カウンセラー　家の中でイライラするということですが，そのことについてもう少し教えてもらえますか？
　　クライエント　私も仕事をしているのに，夫は家事をやってくれないし，子どもたちはすぐに兄弟げんかを始めるし。片づけても片づけても部屋が散らかっていくんです。

　状況がだいぶ明らかになってきました。この状況下でクライエントが誰にイライラしているのかを明らかにするために，閉ざされた質問で尋ねます。

　　カウンセラー　イライラするのは，夫に対してですか？　子どもに対してですか？
　　クライエント　いいえ，それももちろんあるのですが，一番はそうした状況にイライラしてしまう自分に対してです。

　イライラの対象がクライエント自身であることが明らかになりました。しかし，どうして自分自身にイライラしているのかはわかりません。

　　カウンセラー　自分に対してというのは，どういうことでしょうか？
　　クライエント　私がイライラして，きつい口調になることで，夫は機嫌をそこねてしまいます。普通にお皿を洗ってほしいとお願いをすれ

ば，夫はやってくれるんです。子どもたちも，どうしてけんかをして
いるのかを聞けば自分たちで仲直りの方法を考えてくれるのですが，
私が怒るので，2人とも泣き出してさらに事態は悪化します。自分が
イライラしてしまうことに，さらにイライラしてしまって，すべてが
悪循環になってしまいます。

クライエントが語っていることをカウンセラーもリアルに想像できるよ
うになりました。

　カウンセラー　そういうことなんですね。それで深呼吸をやってみた
けど，イライラが収まらないから，どうしたらいいか教えてほしいと
いうことですね？
　クライエント　そうです。

クライエントが語っていることをより理解するための質問は，情報収集
のための質問とほとんど同じです。ただ，インテーク面接やアセスメント
面接ではより情報収集の意味合いが強くなるため，聞きたいところを閉ざ
された質問や開かれた質問を用いて明確に尋ねるほうがよいですが，カウ
ンセリング場面でクライエントが語っていることをより理解したいときに
は，開かれた質問ではなく下記のように「言語的追跡」で応答してもよい
でしょう。

　言語的追跡での応答①　家の中でイライラすることが多いんですね。
　言語的追跡での応答②　自分にイライラしてしまう……。

カウンセラーはクライエントの頭の中にあることを，同じように思い描
けるように質問をしていかなければいけません。そのために気をつけなけ

ればいけないことは，「わかったつもりになること」です。たとえば，先ほどのクライエントとのやりとりで，カウンセラーの価値観に「夫が家事を手伝ってくれなくて，子どものけんかも止めてくれないなんて，イライラするに違いない」という思いがあれば，イライラする対象を確認するための閉ざされた質問はしなかったでしょう。もっというと，「家の中でイライラする」ということから，「子どもに対してだろう」「家の中はイライラが多いものだ」など，決めつけてしまっていれば，クライエントの頭の中にある光景と，カウンセラーが思い描いている光景とでは随分と違ったものになります。カウンセラーは，「わかったつもり」になっていないかを内省し，クライエントが語っていることを正しく理解するために開かれた質問と閉ざされた質問を繰り返します。

②クライエントの理解を促進する質問

　次に，クライエントの理解を促進するために質問する場面について具体的なやりとりを提示しながら説明をしていきます。

> **クライエント**　イライラしちゃいけないと思って，大きく2，3回深呼吸したのですが，全然収まらなくて。それで夫にきつい口調でお皿を洗ってほしいと言ってしまって。そしたら夫が不機嫌そうな返事をしてきて。もうイライラが止まらなくなって。子どもたちがけんかを止めて，夫がお皿を洗ってくれた後も，イライラしていて。

　クライエントは，イライラしていることに焦点をあてており，イライラを止められない自分に対して，ネガティブな感情を抱いています。そのため，イライラへの対処行動をとったことには目が向いていません。そこで，対処行動に目が向くように開かれた質問をします。

カウンセラー　深呼吸をしてイライラを収めようとされたのはどうしてでしょうか？

クライエント　それは本にそうするといいと書いてあって。

　イライラへの対処方法を身につけるために，クライエントが本を読む努力をしていることが明らかになりました。クライエントのなかにイライラへの対処法の知識がある可能性が出てきたため，開かれた質問でクライエントのなかを探索してもらいます。

カウンセラー　イライラに対処するために本を読まれたんですね。その本にはほかにどのようなことが書かれていましたか？

クライエント　えっと，たしか頭の中で５秒数えてみるとか，その場を離れてみるとか。

　ほかにも本に書かれていた内容についてしっかりと覚えていることがわかり，カウンセラーが具体的に対処法を提示しなくても，クライエントのなかに対処法を見つけられそうです。そのため，閉ざされた質問で理解を促します。

カウンセラー　それらは試されてみましたか？

クライエント　いえ，一気に全部試すのは無理だと思って，まずはやりやすそうなものからやってみようと思ったんです。それで深呼吸をやってみようって。ああ，深呼吸でダメだったらほかの方法も試してみようって思っていたはずなのに。いつの間にか，深呼吸がダメだったから，もうダメなんだという思考になっていました。

　このようにクライエントのなかにあるものに気づいてもらう，理解を深

めてもらうためにカウンセラーは質問をします。よく「カウンセラーはア
ドバイスをしない」といわれますが，一切しないということではありませ
ん。ただ，カウンセラーがアドバイスをしなくても，クライエントのなか
に資源がたくさんあるという考えを持っているため，最初からアドバイス
をするという選択肢が少ないのです。アドバイス（助言）については7章
で詳しく説明をします。

（4）質問しやすい環境作り

　開かれた質問と閉ざされた質問は，両方をうまく組み合わせることで，
より有効に働きます。開かれた質問ばかりになると，何を尋ねられている
かがわからず，クライエントの不安を喚起してしまうことがあります。言
語表現が苦手なクライエントの場合は，うまく答えられずに困ってしまう
こともあるでしょう。反対に閉ざされた質問ばかりになると，詰問されて
いるような印象を与えたり，話したいことを話させてもらえないとクライ
エントが感じることもあるでしょう。
　観察技法を用いて，クライエントに適した質問方法とそれらの分量を探
ると同時に，クライエントがすぐに答えられないときや，うまく答えられ
ないときに，柔らかなまなざしを向けて少し待ってみるなど非言語コミュ
ニケーションを用いて対応することも重要です。開かれた質問にクライエ
ントがうまく答えられないと感じたときには，選択肢をあげるなど閉ざさ
れた質問に切り替えたり，質問内容を変更することも必要です。質問方法
や内容を変更する際にも，非言語コミュニケーションを意識し，クライエ
ントが質問に答えるプレッシャーを軽減するよう努めなければなりませ
ん。また，閉ざされた質問であっても開かれた質問であっても，質問をす
ること自体が，クライエントの自発的な発話の妨げになることは意識しな
ければなりません。

　話すだけでは，間が持ちにくいクライエントの場合には，将棋やオセロなどボードゲームを行いながら会話をするのもよいでしょう。将棋やオセロは，カウンセラーの番のときに，ゲームの進行を考えながら質問をする時間を作ることができます。人生ゲームや野球盤のように随時操作が必要なゲームは，プレイセラピーでは問題ありませんが，言語を主としたい場合には，質問する合間が作りにくくなります。ゲームをすることで，「今，ここ狙ってますよね？」などゲームに関する共通の話題を持ちやすくなります。カウンセラーが話しかけたときや質問したときのクライエントの様子をよく観察し，クライエントが反応したら「今の面白かったですね」「これはイマイチかなぁ」など，クライエントの気持ちを代弁します。

　少しずつ発話が増えてくると，「何時に寝ましたか？」「次は何曜日に来ますか？」など，首の動作だけでは答えにくい質問を増やしていきます。また，気持ちに焦点をあてた質問も少しずつ増やしていきます。「昨日のドラマどうでした？」と開かれた質問では答えにくい場合には，「昨日のドラマは面白かったですか？」と閉ざされた質問をするのもよいでしょう。発話が出ているクライエントであれば「昨日のドラマは面白かったですか？　つまらなかったですか？」と選択肢をあげることで，気持ちの表現の幅が広がります。

　質問することは，クライエントに関心を向けているというメッセージになります。一方で，質問は話す話題をカウンセラーが方向づけることにもなります。質問を繰り返されることで，「探られている」という印象を受けるクライエントもいるでしょう。沈黙を恐れる初学者のカウンセラーは，質問が多くなる傾向にあるといわれています。「質問」自体が持っているメッセージを理解し，非言語メッセージと合わせて用いて，クライエントに伝えたいメッセージが正しく伝わるようにこころがける必要があります。そしてカウンセラー自身の不安によって質問していないかも内省しましょう。

　また「このクライエントは自発的に語れない」と決めつけてしまうことも危険です。自発的にほとんど話すことがないクライエントに「今日は何をしていましたか？」と私が質問をして話を進めてしまい，終了時間が迫ってきたころに「ほかに話したいことはありますか？」と聞いたところ，「実は……」とクライエントの話したいことが出てきたという苦い体験があります。

　本書では質問を閉ざされた質問と開かれた質問とに大別していますが，この区別によって質問の性質がすべてカバーできるわけではなく，たとえば回答のしやすさといった観点などから質問を考えてみることも，クライエントとのやりとりのために有効です。一般的には回答のし方が決まっている閉ざされた質問のほうが答えやすいと考えられますが，実際には，答えやすい開かれた質問もあれば，答えにくい閉ざされた質問もあります。たとえば「お母さんのことは好きですか？」というような質問は閉ざされた質問ですが，答えにくい方もいるでしょう。「好きですか？」という一面的な聞き方では「好きと答えてほしい」というように聞こえることもあります。反対に，「今日は何を食べましたか？」という質問は開かれた質問ですが，答えやすいでしょう。カウンセラーが聞きたいことだけを質問するのではなく，クライエントが答えやすい質問をこころがけることも大切です。

2. 自発的な発話が少ない事例

（1）事例の概要

　中学校に勤務しているスクールカウンセラーは，半年前から中学2年生の高橋誠さん母子と月に2回カウンセリングを行っています。誠さんは，中学1年生の2学期が始まったころより登校がしにくくなりました。誠さ

んに理由を聞いても,「学校に行きたくない」と言うばかりで,はっきり
とした理由はわかりません。引っ込み思案で,おとなしい性格のため,3
つの小学校から進学してくる現在の中学校に,うまくなじめなかったのだ
ろうと母親は推測しています。休み始めた当初は,母親も登校するよう強
く促していましたが,日に日に誠さんの抵抗が激しくなり,表情が暗く
なっていったことから,母親は無理に登校を勧めることを止めました。

　休み始めて2カ月経ったころより,担任の先生からの声かけで,週2
日,2～3時間別室登校ができるようになりました。パート勤めの母親が
登下校時に同行しています。誠さんが別室登校を始めた段階で,母親がス
クールカウンセリングに申し込み,母親のみの相談を続けていました。母
親が「自分の気持ちをあまり話さない」ことを心配し,誠さんが気持ちを
話せる場になってほしいとカウンセリングを勧めたところ,誠さんが母子
同室で受けたいと希望したため,月2回の頻度で,別室登校する曜日に母
子同室でのカウンセリングを開始しました。

　カウンセリングを始めて3回目までは,誠さんはひどく緊張した様子
で,常に下を向き,挨拶も聞こえるかどうかくらいの声でした。カウンセ
ラーの質問には,首を縦に振ったり,横に振ったり,首を傾けたりするこ
とで反応をしていました。母親とスクールカウンセラーは,誠さんの緊張
を和らげるために,最近のニュースや天気,身近に起こった出来事など他
愛もない雑談を行い,時折,「誠さんも知ってるかな?」と質問を投げか
けるようにしました。少し回答を待って,誠さんが反応に困っていると判
断したときには,「じゃあお母さんに聞いてみるね」と声をかけ,母親に
代弁してもらうようにしました。少しずつ,母親とスクールカウンセラー
が話す内容に誠さんが笑ったり,「どうだろう?」と声を発するようにな
りました。誠さんが笑うとスクールカウンセラーは「今の面白かったよ
ね?」と応答したり,「こういう話好き?」と質問をしたりしました。

　誠さんと会う回数が10回を超え,誠さんが応答することが増えたこと

から，「これから月1回はお母さん抜きでお話ししてみない？」と声をかけてみたところ，同意を得られたため，2人でのカウンセリングを開始しました。しかし，「今日は何時に起きたの？」「朝ごはんは食べた？」など一問一答のようなやりとりが続いています。言葉での応答は少しずつ増えていますが，スクールカウンセラーが話している量のほうが圧倒的に多い状況です。

（2）事例の解説

　児童期や思春期の子どもの場合，自発的な言葉が少ないことも珍しくありません。大人のカウンセリングよりも，カウンセラーが積極的に質問をするといった働きかけをすることが多いでしょう。しかし，カウンセラーのほうが話す量が圧倒的に多いと，「子どもの気持ちがうまく聞けていないのではないか」「カウンセリングに来たいと思っているのだろうか」とカウンセラーが不安になってしまいます。これは，カウンセリングがクライエント主体であるという前提に由来しているでしょう。しかし，子どもが自発的に話すことだけが「クライエント主体」の形ではありません。クライエントが望む形でカウンセリングを進めていくことがクライエント主体なのです。誠さんは，誰かに強制されてカウンセリングに来ているわけではありません。母子別室での提案も誠さんが同意し，その後も継続して来室しています。多くは話さないながらも，カウンセリングに来ることで得られているものがあると考えられます。また，誠さんには「自分の気持ちを話せる場」としてカウンセリングを提案しています。そこで，誠さんの感情や思考を確認するための質問を意識的に取り入れ，どのような聞き方であれば，返答しやすいかを検討します。このようにカウンセリングの目的を保護者だけでなく子どもとも確認をしておくことで，クライエントを不安にさせずにすみます。同時にカウンセラーも目的を見失わずにすみ

ます。

①閉ざされた質問と開かれた質問との使い分け

　誠さんのように自発的な言葉が少ないクライエントには，閉ざされた質問が多くなります。閉ざされた質問であれば，首を縦や横に動かすだけで応答することもできるため，回答がしやすくなります。

　閉ざされた質問が多くなると，先に説明したように，クライエントがカウンセラーから詰問されているという印象を受けるリスクがあります。ゆっくりしたテンポで話したり，柔らかい声質をこころがけるなど，クライエントが質問されていることに圧迫感を感じたり，答えなければいけないというプレッシャーを感じていないかなどをしっかり観察しましょう。

　誠さんと2人でのカウンセリングが始まったときには，情報収集も誠さん自身から行うことをこころがけます。「朝ごはんは食べた？」という質問をすることで，誠さんの生活リズムが予測できます。そして閉ざされた質問のなかに「今日はいつ頃に起きた？」など比較的答えやすい開かれた質問をはさみ，クライエントがどこまで答えられそうかを探ります。もし「今日はいつ頃に起きた？」という問いに答えが返ってこなかった場合には，「午前中には起きた？」と閉ざされた質問に切り替えて尋ねます。クライエントが首をかしげた場合などには，「忘れちゃったかな？」「答えたくないかな？」などの確認を行って次の質問をするとよいでしょう。

②クライエントの理解を促進する質問

　誠さんは，自分自身の気持ちを積極的に話すことは難しいようです。しかし，カウンセラーは，母親と話しつつも誠さんに意識を向け，誠さんが笑ったり声を発したりと反応した際には必ず反応し，「面白い」「好き」など誠さんの気持ちに焦点をあてた閉ざされた質問をしています。これは5章にもつながりますが，誠さんが自分の気持ちを意識したり，気づいたり

する作業のお手伝いにもなります。このように，閉ざされた質問であって
も，クライエントの理解を促進する介入を行うことができます。クライエ
ントが答えやすい方法で，かつクライエントの気持ちや考えを聞いていく
ことで，「聞いてもらえる」という思いが膨らみ「話してみよう」と試み
るようになります。

（3）事例のまとめ

　緊張が高い子どもの場合，誠さんのように最初は親子同室になることも
あります。その場合には，保護者が質問に答えすぎたり，子どもに答える
よう催促しないように保護者と事前に話しておくことも大切です。保護者
とやりとりをする際にも，必ず子どもも含めた三者で話しているように子
どもに視線を送ったり，体の向きを変えたりします。事例では，母親とス
クールカウンセラーが話題を「相談」に特化させず，雑談をして，誠さん
も話題に入れるようにこころがけたことで，誠さんの緊張が和らいでいき
ました。質問をした後は，沈黙を恐れず，少し待つことをこころがけてく
ださい。カウンセラーが待つことに対してクライエントが苦痛を感じてい
るかどうかは注意深く観察する必要がありますが，だいたいカウンセラー
が「言葉を発しよう」と思ってから3秒待つくらいがちょうどいいタイミ
ングです。
　閉ざされた質問と開かれた質問の使い分けは，カウンセリングのなかだ
けで有効な技法ではありません。上司と部下の関係，友達との関係にも活
用できますし，多くの臨床場面でも有効なため，日ごろから人に質問をす
る際には疲れない程度に意識してみるとよいでしょう。

⇄ 「閉ざされた質問・開かれた質問」のまとめ

1 カウンセラーが行う質問の形態には「閉ざされた質問」と「開かれた質問」の2つがあります。

2 質問にはクライエントが語っていることをより理解するためのものと，クライエントの理解を促進するためのものがあります。

3 クライエントのことを「わかったつもり」にならないためにも，しっかり質問をすることが大事です。

▶▶▶ この章を読み終えた後は

　ケース記録を読み返し，必要な情報を聞き漏らしていないか，「わかったつもり」になっている箇所がないかを確認しましょう。そして，カウンセリングを行う際に，開かれた質問と閉ざされた質問を意識して使い分けてみましょう。

3章 閉ざされた質問・開かれた質問

コラム 2

沈黙の重要性を体感する

　技法として立項するのが難しかったのですが，本書に書いている 12 の
カウンセリング技法と同等に重要なものが「沈黙」です。3 章の事例のま
とめでも軽く触れましたが，カウンセリングを行っていると，「沈黙」が
生じることは珍しくないでしょう。話がひと段落ついたとき，クライエン
トが話に詰まるとき，カウンセラーが発した言葉に考え込むときなど，さ
まざまな場面で沈黙が生じます。このときに，カウンセラーがどうすれば
よいかというと，まずは 3 秒待ってみるということです。特にカウンセ
ラーが質問をしたくなったときには 3 秒待つことをおススメします。たと
えば，クライエントが来室して「今日は疲れました」と一言発して話を終
えたとします。このとき，カウンセラーは「どうされたんですか？」と質
問したくなるでしょう。そのように聞いてほしいとクライエントが思って
いる場合もありますので，3 秒待って続く言葉が出てこなければ質問をし
てもよいでしょう。しかし，3 秒待っている間に「実は今日……」と続き
を話し始めるクライエントもいます。その話は，クライエントが一息つい
て，沈黙を作った後のタイミングだから話せることである可能性がありま
す。また，3 秒待っている間に「あの，実は昨日……」と別の話題が始ま
ることもあります。「今日は疲れました」というのは前置きであって，本
当に話したいことは別であるという場合です。本題にいきなり入ることが

できず，全然別の話題が前置きとなっていることがあります。これも3秒待ってみないとわかりません。本当は疲れたことではなく，別に話したいことがあるにもかかわらず，カウンセラーが間髪入れずに疲れた理由について尋ねてしまうと，クライエントはそれに応答しなければならず，本題を話すことができなくなってしまいます。

　クライエントが情緒を味わっているときや，考え込んでいるときなどは，3秒の沈黙では足りず，一定の時間沈黙が続くこともあるでしょう。長い場合には，20分，30分とカウンセリング時間の半分以上が沈黙になることもあります。こうしたときには，クライエントの体験に沿った非言語コミュニケーションを意識する必要があります。クライエントがしみじみと回想しているときには，カウンセラーも穏やかな表情でゆったりとした雰囲気ですごし，クライエントが激しく泣いて嗚咽を漏らしているときには，カウンセラーも辛い表情で首を小刻みに縦に振りながら辛さを共に体験し，クライエントが考え込んでいるときにはその様子を注意深く観察して，クライエントの中から考えが表出されたときにはいつでもそれを受取ろうという姿勢を見せるといったことをします。また沈黙の間，カウンセラーの中に湧いてくる思考や感情などがあれば，それらの逆転移を吟味することも重要でしょう。

　ただこれは，ある程度関係が築かれ，その沈黙の時間に意味があると感じられる状態になった場合だと思います。そのため，初回面接やクライエントとの関係性がある程度築けていると感じまでは，長すぎる沈黙は作らず，3秒待ってクライエントが言葉を発することがなさそうであれば，質問したり，質問を変えたりする必要があるでしょう。

　待つ時間がなぜ3秒なのかというと，私がそう指導を受けたからというのもあるのですが，実際に沈黙が生じる場面でゆっくり3秒数えるくらいがちょうどよい時間なのです。ただ状況によっては，5秒数えることや10秒数えることもあります。そのときには，なぜ3秒ではなく，5秒，10秒

と待とうとしているのか，本当にその判断でよいのかを必死に思考し，クライエントの様子を観察しながら秒数を検討します。

　そして，カウンセラー側が考えこんだり，言葉を発せなくなったときの沈黙もあるでしょう。この場合には，私は「今，言葉が出てこなくなってしまいました」「少し考えさせてもらってもいいでしょうか」と沈黙になる理由を伝えるようにしています。まず，カウンセリングの時間はクライエントのものであり，その時間をカウンセラーが自分のために使うことは極力減らす必要があると私は考えています。そのため，カウンセラーが時間をかけたい場合には，その旨をクライエントに伝える必要があるでしょう。クライエントによっては「じゃあその話はいいです」など次の話をしたいとおっしゃられる場合もあります。また，カウンセラーが沈黙することに対して，不安や恐怖を感じるクライエントもいます。そうしたクライエントの投影を扱う姿勢も大事ですが，それもクライエントとの関係性が築けていることが前提になりますので，特に初期のころはクライエントが安心して話をできる場にすることを心がけることが重要です。

4章
相槌・いいかえ・要約

1. 技法についての説明

　閉ざされた質問・開かれた質問を行い，クライエントが話す内容について「わかったつもり」になることが減ってきたら，次は「相槌」「いいかえ」「要約」の技法を用いて，クライエントの語りを促進したり，問題の明確化を行ったりしていきます。実際は，閉ざされた質問・開かれた質問と合わせて「相槌」「いいかえ」「要約」が行われます。

（1）相槌

　まず「相槌」について説明をしていきましょう。「はげまし」と訳されていることが多いのですが，マイクロカウンセリングの原語は"encourage"であり，促進するという意味になります。「はげまし」という訳では，「それでいいですよ」などとはげますのだという勘違いが起こりやすいため，ここでは「相槌」とします。相槌はクライエントが会話を継続しやすくするために行われるとされており，カウンセラーのうなずきや相槌などを指します。うなずきや相槌は，「2章（2）③声の質・調子」でも触れましたが，声の質・調子や，言葉によって肯定的相槌・中立的相槌・否定的相槌に分類することができます。クライエントが話したことに，「そうです

ね」「わかります」など，肯定的なフィードバックを与える相槌と，「はい」「ええ」など，肯定でも否定でもなく，話を聞いていることを示す中立的相槌と，「うーん」「えー……」など，否定的なニュアンスを示す相槌があります。言葉の表現だけでなく，相槌のスピードや声のトーンなどによってもニュアンスは異なります。テンポ良く「はい」を繰り返すと，中立的相槌に思われますが，ゆっくりと低い音で「はい」と伝えると，肯定的相槌に思われやすく，「はい，はい」と軽く高い音で伝えると，否定的相槌に思われやすいでしょう。

　そもそも，みなさんは相槌のレパートリーをいくつ持っているでしょうか。ナガノ＝マドセンと杉藤（1999）の研究によると，ほとんどの話者が8〜11種の相槌を持っているそうです。この研究では「はい」「あー」「えー」「んー」「そう」などに加えて，「笑い」や「繰り返し」も相槌と規定されています。クライエントが言ったことを繰り返す相槌を用いる場合には，できるだけ単語レベルの短い言葉を選択するようにしましょう。

　同じ言葉，調子ばかりで相槌をうっていると，適当に話を聞いている印象を与えてしまいます。クライエントの様子や話す内容に合わせた相槌をこころがけましょう。たとえば，クライエントが「この前，車をぶつけてしまって」というような驚く話題を話し始めたときには，「ええ？！」と驚いた相槌をし，「でも私も怪我しなかったし，車もまったく傷ついていなくて」と話が続くと，「ああ」と安堵する相槌をうち，「本当はぶつけていなかったんじゃないかなって」と展開がわからなくなると，「え？」と疑問の相槌をうちます。相槌は，短い言葉でメッセージを伝えることができるため，クライエントの話を遮らずに，カウンセラーの思いを伝えることができます。

　これまで相槌は相手の話を促進する役割があることを書いてきました。反対にクライエントの言葉を少し抑制したい場合には，相槌を減らすのも一つの方法です。しばらく相槌をうたずに話を聞いていると，クライエン

トは相槌がないことに気づき，カウンセラーの様子をうかがいます。その
ときに，「すみません，ちょっと話についていけてなくて」「ここまでの話
を整理してみてもいいでしょうか」と要約したり，これまでの話を振り
返ってみてもよいでしょう。「これ以上話を聞きたくない」「もうわかった
から」という意味で止めるのではありません。あくまでも，クライエント
の話を整理したり，カウンセラーが話を理解できているかを確認したりす
るために相槌を減らします。

　ナガノ＝マドセンと杉藤（1999）の研究では，相槌の方言差や地域差，
男女差，親疎差についても明らかにしています。文化や性別，世代，相手
との関係性によっても，使いやすい相槌や好まれる相槌が異なります。ま
た，次に説明する「いいかえ」に関しても，文化や世代，性別によって理
解しやすい言葉が異なるでしょう。各年代で使われている言葉に日ごろか
ら敏感になり，ピンとこない言葉がクライエントから発せられたときに
は，どういう意味かを確認することをこころがけてください。

（2）いいかえ

　次に「いいかえ」について説明をしましょう。「いいかえ」は，クライ
エントが話した言葉を，カウンセラーが理解した言葉にいいかえて伝える
方法です。2章で「言語的追跡」について説明した際には，「クライエン
トが使った言葉をそのまま使う」と伝えました。これは，「あなたが話し
たことを聴いていますよ」というメッセージを伝えるときには非常に重要
です。しかし，それだけでは，「聞いている」だけになります。2章まで
は，クライエントの話をしっかり聴くということを主題としていますが，
3章から5章にかけては，クライエントの話を聴きながら，カウンセラー
の関心や理解をクライエントに伝えていくことが主題となります。カウン
セラーはエスパーでも魔法使いでもありません。そのため，クライエント

が話していることを的確にすべてを間違えずに理解することは不可能です。どれだけしっかりと話を聴いていても，カウンセラーとクライエントでは，価値観や経験，感情やパーソナリティ，思考過程など，すべてが異なるため，聴いたことへの理解も異なります。

たとえば，みなさんは「コップ」という単語を聞いたときに，どのようなものを想像しますか？　マグカップを想像する方もいるでしょうし，コーヒーカップを思い浮かべる方もいるでしょう。グラスのコップを想像する方もいれば，プラスチックのコップを思い浮かべる方もいるでしょう。日常でよく聞くたった一単語であっても，このように人によって思い浮かべるものは異なります。どれが合っているわけでも間違っているわけでもありません。人はそれぞれ自分の価値観や経験などと結び付けて言葉を用います。そのため，同じ言葉を使っていたとしても，想像しているものが同じとは限らないのです。

そこで，カウンセラーは，クライエントが思い浮かべているものと，自分が思い浮かべているものとが一致しているかを確認する作業を行います。初学者は「カウンセラーは"わからない"と言ってはいけない」と感じやすいようですが，人のこころを扱う専門職だからこそ「わからない」と言うことが大切です。自分とクライエントは異なる人間であり，異なるこころを持っていることを理解しているからこそ，「わからない」と伝え，自分の体験がクライエントの体験と同じだとは思わないのです。

またカウンセリングは単に話を聴くことだけが目的ではありません。クライエントが解決したいと思っている課題を明確にし，クライエント自身が解決していくための手立てを講じていくことが目的になります。そのため，クライエントの課題をクライエントのこころに沿って理解する必要があります。クライエントが解決していく手立てを見つけるためにはクライエントのことを深く知る必要があるのです。

相槌も，先ほど車に関する話の例で説明をしたように，どのような相槌

をうつかによって，クライエントに「驚いた」「良かった」「どういうことか教えてほしい」など，カウンセラーの関心や理解を伝えています。「話をしっかりと聴く」ということと，「話を聴きながら，関心や理解を伝える」ということとを，意識して使い分けるようにするだけでも，相槌や非言語コミュニケーションに変化をつけることができるようになるでしょう。

　さて，「いいかえ」に話を戻します。クライエントが話したことに対して「いいかえ」て応答するとどうなるでしょう。

> **クライエント**　本当は辛かったけど，友達に会って，わーって騒いで，楽しい！　ってしてた。
> **言語的追跡での応答**　辛かったけど，騒いで楽しい！　としたんですね。
> **いいかえでの応答**　空元気を出したんですね。

「いいかえ」では，カウンセラーは，クライエントが友達とわーっと騒いだことについて，本当に楽しかったのではなく，空元気だったのだろうという理解をし，その理解を伝えています。これに対してクライエントが，「そうなんですよ」と同意すればカウンセラーの理解は合っていることになり，「騒いでいるときは本当に楽しいと思っていたんです」と返答があれば，カウンセラーの理解は異なっていることになります。

　何度も伝えますが，カウンセラーの理解がクライエントと異なることは当然起こることです。「理解が異なっている」ことが明らかになれば，クライエントを理解するために何を聴けばよいのか，どうやって聴けばよいのかを考えることができます。これを無視してしまえば，「わかった気になる」もしくは「わかっているふりをする」ことになり，いずれ，クライエントとの間に大きなひずみができてしまいます。そうならないために

は，クライエントと理解がずれていることを恐れずに，カウンセラーの理解を伝え，一致しているかどうかの確認をするようにしましょう。

　また，「いいかえ」は，クライエントの話のなかで重要なところに用いると効果的です。先ほどの「空元気」の例では，カウンセラーはクライエントが「本当は辛かった」ことがクライエントにとって重要だと感じたため，表面上楽しんでいる状態は「空元気」だと伝えています。これにクライエントが同意すると，今後，「空元気を出す」ことや，「本当は辛かった」ことについて話し合いやすくなります。そしていいかえたことによって，「本当は辛かったけど，友達に会って，わーって騒いで，楽しい！　ってしてた」という描写が「空元気だった」と明確になり，クライエント自身も「あれは空元気だったのだ」と自己理解を深めることになります。

　「いいかえ」とよく間違えられる技法として「リフレイミング」があげられます。「リフレイミング」は「物事を見る枠組み（フレーム）を変えて，ポジティブに解釈する」ことを指しますので，まったく異なる技法です。

リフレイミングでの応答　辛いなかでも楽しもうとしたんですね。

　「辛かった」というクライエントの枠組みを「楽しもうとした」とポジティブに解釈しているのがわかると思います。一方，「いいかえ」はクライエントが見ている枠組みに沿って言葉をいいかえます。

（3）要約

　最後に「要約」について説明をします。要約は，言葉のとおり，クライエントが話した内容を「要約」することです。ある程度長さのあるエピソードをクライエントが語った後に，「つまりそれは○○ということです

ね」と伝えます。長いエピソードの場合，クライエントも何が重要なの
か，何に焦点をあてたいと思っているのかが混乱していたり，わからなく
なっていることがあります。カウンセラーが要約をすることで，クライエ
ントの頭の中が整理され，重要なところが明確になり，思考しやすくなり
ます。要約のポイントは，重要なところに焦点を絞り，わかりやすく伝え
ることです。

　要約を練習する方法は，映画やドラマ，漫画などある程度の長さがある
ストーリーを人に説明することです。ここでは，みなさんがよく知ってい
る『桃太郎』を要約してみましょう。

- 桃太郎は，犬，猿，キジをお供に連れて，鬼ヶ島へ鬼退治にいった
  若者の話です。
- 桃太郎は，鬼退治をして，鬼の財宝を持ち帰り，育ててもらった祖
  父母に渡す親孝行の話です。
- 桃太郎は，桃から生まれ，鬼退治をした子の話です。

　どれも間違っていませんが，焦点をあてるところが異なっているのがわ
かるでしょう。「お供を連れた」ことが大事なのか，「鬼の財宝」が大事な
のか，「桃から生まれた」ことが大事なのかによって，要約に入れるとこ
ろが異なります。つまり，要約はカウンセラーが「あなたにとって大事な
のはここですよね」と関心を向けているところを示すことにもなります。

　これをカウンセリングの流れにあてはめて見ていきましょう。カウンセ
ラーが「つまり桃太郎は，犬，猿，キジをお供に連れて，鬼ヶ島へ鬼退治
にいったのですね」と要約し，クライエントが同意すると，桃太郎のス
トーリーのなかで，「お供を連れて鬼退治に行った」ことに焦点があてら
れます。そのため，「どうしてお供を連れて行ったのでしょう」「お供に選
んだのが犬，猿，キジだったのですね」と焦点があてられたところを深め

やすくなります。

（4）「いいかえ」や「要約」が合っているかを確認する

　「相槌」「いいかえ」「要約」は，クライエントとカウンセラーの理解を共有しつつ，クライエントの問題を明確にしていく作業に役立ちます。言葉が少ない方の場合には，カウンセラーの言葉が多くなったり，質問が多くなったりします。しかし，そうすると，クライエントは圧倒されてしまい，さらに話しにくくなってしまう恐れがあります。クライエントが話した言葉にゆっくりと相槌をうったり，いいかえたりするのもよいでしょう。また，自分の気持ちがうまく表現できず，擬音語やジェスチャーで表現される方の場合にも，「いいかえ」を使い，クライエントが表現したいことを明確にすることもあります。ただし，なんでもかんでも「いいかえ」をすることは有効ではありません。クライエントが使っている言葉そのものが一番クライエントの心情にぴったりフィットしていることもあります。「いいかえ」や「要約」をしたときには，それがクライエントにとってどれくらいフィットしているかを確認することが大切です。そしてカウンセラーが言ったことにクライエントが否定したり，反論をしてもよいという雰囲気を面接のなかに作るためには，やはり非言語コミュニケーションが重要となるでしょう。そして，なぜカウンセラーが行った「いいかえ」や「要約」が異なっていたのかを確認することが重要です。カウンセラーが「私はこれまでの話を聞いていて，こう感じたからこの言葉を使った」というようにカウンセラーの思考過程を説明することで，クライエントと異なる部分を明らかにしやすくなることもあります。

2. 隙間なくしゃべり続ける事例

（1）事例の概要

　カウンセラーは行政が行っている電話相談をしています。ここには，さまざまな年齢の方が匿名で相談をしてきます。田中さんは，週に1度は電話がかかってくる常連です。匿名相談が基本ですが，田中さんが「前回の続きを聞いてほしい」とつながりを持った相談を希望したことから，電話相談では田中という仮名を継続して用いることを決め，パート勤めをしている50代女性であること，同年代の夫と未婚の長男と同居しており，近所に住む母親の介護をしていることを確認しました。

　田中さんは，電話をとると「ちょっといいですか」「話を聞いてほしくて」と遠慮気味に話し始めますが，カウンセラーが口をはさむ隙がないほど次々と話をします。田中さんの話す内容は，母親の介護のこと，長男の仕事のこと，夫との関係，パート先でのストレスなど毎回，直近にあった出来事についてです。

　今回の電話で話されたのは，パート先でのエピソードでした。田中さんは長年同じ工場で働いていますが，最近になって工場の人員配置が代わったとのことです。これまでは複数の持ち場にシフトで配置され，日によって担当する場や一緒に働く人が異なっていたのですが，人員配置の変更によって，持ち場を固定され，一緒に働く人もある程度同じメンバーになったということでした。それによって，気分転換がしづらくなったことと，同じメンバーのなかに人の悪口ばかり言っている人がいて，その人の話を聞かなければならないことがストレスになっているということでした。田中さんは，仕事先での様子を詳細に語ります。「お昼の時間は決まっているんですけどね。その悪口を言う人はお昼の時間の少し前にトイレに行く

ふりをして席を立つんです。でも，実際はトイレには行かずに食堂の良い席を確保しているんです。この寒い時期になると，食堂は温まりにくくて。真ん中にストーブが置いてあるんですけど，必ずそこのすぐ近くに座るんです」と語る田中さんに，「その方は抜け駆けをするんですね」と口をはさむと，「そうなんですよ！」と強く同意して言葉が強くなり，さらに勢いよく語ります。「でも，この間，ほかの人がたまたまお昼前にトイレにいって，そのままお昼の時間になったんです。そしたらお昼が終わった後，作業中に○○さんはズルをしていると言い始めて。自分だって抜け駆けしているくせに。でもそんなこと言ったら，次は私が悪口を言われる対象になるから言えないですよね」。カウンセラーは，電話越しに相槌をうちながら話を聞きます。「仕事をしに行っているんだか，その人の悪口を聞きに行っているんだかわからなくなるんです。その人が抜け駆けしたりするのは好きにすればいいと思うんですけど。自分もそういうことするくせに人の悪口ばっかり言って。その矛先が自分に向かうんじゃないかって気が気じゃなくなるので，本当に嫌になりますね」と，ようやく話がひと段落ついたところで，カウンセラーは「その悪口を言う方の，悪口を言われる対象になりたくないと思って無視できないことがストレスなんですね」と伝えると，「そうなんですよ！　あの人は誰のことでも悪口を言うんです。この間だって……」と話は続きます。

（2）事例の解説

　電話相談の場合，クライエントに伝わるのは音声のみになるため，声や言葉でメッセージを伝える必要があります。そのため，対面の場合には，首を縦に振っているだけでもうなずいている姿を見せることができますが，電話相談の場合にはすべて声に出す必要があります。そのため，非言語コミュニケーションのなかでも声の質・調子が相槌と合わせて重要にな

ります。相槌も，声に出してはっきりと表現する必要があり，単調にならないためにレパートリーも多く必要になります。

①相槌

田中さんのように，言葉をはさむ余地がないほどに話し続ける方に対しては，相槌のなかで，カウンセラーの思いを伝えるようこころがけることになります。たとえば，「悪口を言う人は少しズルいんです」というところでは，まだ何がズルいのかがよくわかりません。そのため，「ふん……」と肯定とも否定ともとれないような，「よくわかっていない」というメッセージの相槌をうちます。その後の「必ずそこのすぐ近くに座るんです」というところまで聞くと，何をズルいと言っているかがわかってくるため，「ああ」と納得したというメッセージの相槌をうちます。しかしそのすぐ後に田中さんは「次は私が悪口を言われる対象になると思うと言えないですよね」と語るため，「その人に悪口を言われたくないのだ」と少し驚きを感じ，「うーん？」と声を高めに発します。

このように相槌のなかにカウンセラーのメッセージを込めて伝えると，クライエントがときには「だってほかの人にも悪く思われるじゃないですか」など，カウンセラーが疑問の相槌をしたことに気づいて説明を加えたり，カウンセラーのメッセージが意外だった場合には「え，普通嫌じゃないですか？」と話を止めてカウンセラーの意図を確認しようとしたりするため，そこで話し合うことができます。

②いいかえ

田中さんが「実際はトイレには行っていなくて，食堂の良い席を確保しているんです」と語ったことに対してカウンセラーは，「抜け駆けをしている」といいかえました。田中さんが，腹を立てていることは「抜け駆けをされた」ことであると明確にしています。これに田中さんは強く同意し

たため，このいいかえはしっくりきたのでしょう。その後，田中さん自身も「抜け駆け」という言葉を用いて説明をしています。

　今回のように長い文章をいいかえると，次から端的にその事柄を表現することができ，かつカウンセラーとクライエントとがその言葉を共通で用いやすくなります。

③要約

　また，田中さんのように話し続ける方は，話がひと段落したところで質問をしてしまうと，その質問に答えると同時に次の話が始まってしまうことが多いです。もちろん，それを丁寧に聴くことが効果的であったり，クライエントが求めていることである場合もありますが，クライエントの気づきを促すためには，質問よりも「いいかえ」や「要約」がよいでしょう。

　田中さんはパート先で人の悪口を言われることがストレスの原因だと思っているようです。しかし，話をよく聴くと，悪口を言う方はズルいこともしているようです。さらに，田中さんは，その人から人の悪口を言われることだけでなく，自身が悪口の対象になることを恐れています。そうすると，田中さんがストレスだと感じている要因がどれなのか，何を一番解決したいと思っているかが不明確になります。話が長くなると，さまざまなエピソードが含まれてきますので，何について話したいのかがわかりにくくなります。

　カウンセラーは話を聴いていくなかで，「悪口を言われる対象になりたくない」という気持ちが，田中さんにとってストレスの要因であるのではないかと感じ，そこに焦点をあてて要約をしました。田中さんはそれに同意し，その人がいかに悪口を言う人かを話し始めています。そうすると，次にカウンセラーが話すタイミングがあれば「それだけいろいろな人の悪口を言う人に悪口を言われない方法ってあるのでしょうか？」と開かれた

質問をして，理解を促してみるかもしれません。

（3）事例のまとめ

　対面であっても勢いよく話し続けるクライエントの場合，カウンセラーはその勢いに圧倒されてしまい，ただ聴いているだけという事態に陥りやすくなります。カウンセラーとしての機能を果たすためには，そうした事態においても，クライエントが内省したり変容できる機会を探り，介入を試みる必要があります。先に説明をしたように，相槌は，口をはさむ隙間がないくらい話し続けるクライエントであっても，介入を可能とします。

　また，話し続けている方の場合，話がどんどん広がっていったり，話しながら何を言いたいのか混乱したりすることも多くあるため，話をある程度聞いた段階で「いいかえ」や「要約」を用いることで，話が整理されます。クライエントも「それに悩んでいた」「そのことが話したかった」など頭の中が整理され，何について話し合いたいのか，どうしたいのかなど，次のステップに進みやすくなります。

　面接時間，ずっと話し続けている方に対しては，とにかく相槌をしっかりとうってカウンセラーの意図を示し，面接終了のときに一言，「いいかえ」や「要約」をしようという心意気で重要ポイントを意識しながら話を聴くとよいでしょう。

　「相槌」「いいかえ」「要約」が上達すると，クライエントはより話しやすくなり，自発的に話を進めていくようになるため，自然とクライエントへの質問は減っていき，カウンセラーが話の方向を決めてしまわず，クライエントの語りについていくことができるようになります。

⇄ 「相槌・いいかえ・要約」のまとめ

1 相槌のレパートリーを増やし，クライエントの話を遮らずに，カウンセラーの思いを相槌を使って伝えましょう。

2 クライエントの話のなかで重要だと思うポイントで「いいかえ」を使いましょう。

3 「要約」をすることで，カウンセラーが意識している箇所をクライエントに示すことができます。

4 カウンセラーはクライエントと自分は違う人間であることを理解し，カウンセラーがクライエントの理解に沿っているかを確認するために「いいかえ」や「要約」を用いましょう。

▶▶▶ この章を読み終えた後は

人と話す際に，言葉や声の調子を変え，さまざまな相槌をうつことを意識してみましょう。映画やドラマ，漫画などを見て，登場人物のセリフをいいかえてみたり，要約してみたりしましょう。

文献

ナガノ＝マドセン，Y.・杉藤美代子（1999）．東京と大阪の談話におけるあいづちの種類とその運用．日本語科学，**5**，26-45.

5章

感情の反映

1. 技法についての説明

（1）クライエントの背景にある感情に焦点をあてる

「相槌」「いいかえ」「要約」の技法に慣れてきたら，次は，「感情の反映」を練習しましょう。感情の反映は，クライエントの背景にある感情に焦点をあてる方法です。そのため，クライエントは，直接語っていない感情に触れられた感覚をもち，カウンセラーにより深い部分まで理解されていると感じるでしょう。これまでお伝えしてきた技法との違いを具体的な例をあげて見ていきましょう。

> **クライエント** 「もういっぱいいっぱいなんです」と語り涙を流す。
> **言語的追跡での応答** もういっぱいいっぱいなんですね。
> **いいかえでの応答** もう限界なんですね。
> **感情の反映での応答** 辛さでこころが溢れそうなんですね。

あくまで例ですので，「いっぱいいっぱい」という言葉に対して，別の言葉で「いいかえ」や「感情の反映」も考えられます。感情の反映は，いいかえるだけでなく，いっぱいいっぱいという語りと，涙を流していると

いうクライエントの姿から，その背景にある感情はどういったものかを推測し，言葉にする作業です。「いっぱいいっぱい」ということですから，余裕がない状態が限界にまで達していることが表現されています。そして何に余裕がないのか，何が限界にまで達しているのかを想像します。実際はこの言葉が出てくるまでの流れなども加味して考えますので，一言だけを抜き出して感情の反映を行うことは困難ですが，説明のために続けます。クライエントが涙を流していることから，なぜ涙を流しているかを想像し，これまでクライエントが語ってきたことや体験したことをもとに「辛い思いがあるのではないか」と推察します。そうすると，辛い思いがこころに溢れそうになっているのではないかということにたどり着き，「辛さでこころが溢れそうなんですね」という言葉になります。

　感情の反映は，クライエントをある程度理解した段階でなければ行うことはできません。そのためまずは1〜4章まで説明してきた技法を用いて，クライエントの心情や背景について理解することに努めてください。カウンセラーは観察結果や心理学理論などの根拠を持ってクライエントのこころを推察します。きっとこうだろうと，カウンセラーの価値観や経験だけで決めつけてはいけません。

（2）感情へのアクセスの手がかり

　さて，クライエントをある程度理解したとしても，感情の反映を行うためには，クライエントの感情へアクセスできる手がかりが必要となります。ヒル，C. E. は，そうした手がかりとして，次の4つを提案しています。

- クライエント自身の描写
- クライエントの話す（言語的）内容

- クライエントの非言語行動
- クライエントに対する自身の感情の投影　　（Hill, 2004, 邦訳 p. 138）

　1つ目の「クライエント自身の描写」は，クライエント自身が感情について話すことです。クライエントが「将来のことが不安です」と語れば，「不安」があることは間違いありません。ただ，クライエントが語ったことをそのまま「不安なんですね」と伝えるのは，感情の反映ではなく，言語的追跡になります。この描写された「不安」を元に，クライエントのこころにある感情を推察することが感情の反映です。

　2つ目の「クライエントが話す（言語的）内容」は，クライエントが話している内容から感情を読み取ることを指します。先ほどは「将来のことが不安です」と直接感情が言語化されていました。しかし，クライエントが「仕事も見つからないし，親にも頼れない」と語ったらどうでしょう。感情を表す言葉は話されていません。しかし，仕事も見つからず，親にも頼れないという語りから，「不安」という感情を抱えているのではないかと推察できます。このときには，クライエントは自身の中にある「不安」を言語化できておらず，「先のことが不安なんですね」と伝えることは，クライエントの言葉の背景にある感情を明確にしたり，言語化したりすることになります。

　3つ目の「クライエントの非言語行動」は，たとえば涙を流すといった非言語によるメッセージを手がかりにクライエントの感情を読み取ることを指します。非言語行動には，クライエントの表情，視線，声，身振り，姿勢などがあります。

　4つ目の「カウンセラーの感情の投影」は，カウンセラーの逆転移，または投影同一化と理解したほうがいいかもしれません。逆転移や投影同一化については次に詳しく説明します。

5章

感情の反映

①逆転移と投影同一化

逆転移とはフロイト，S.（Freud, 1910）によって提唱されたもので，カウンセリングのなかでカウンセラーのこころのなかに湧きあがってくる感情を指します。そして，逆転移が生じる一つの要因にクライエントからの投影があります。投影は，不快なものから自分のこころを守るための防衛機制の１つで，自分の感情を他者の感情であると認識することを指します。たとえば，クライエントがカウンセリング関係が終わってしまうことへの不安を感じていたとします。そしてクライエントはカウンセラーからの質問が少なかったり，笑顔が少なかったりするたびに「やっぱりカウンセラーはカウンセリング関係を終わらせようと思っている」と思うようになります。「カウンセリングが終わる」と不安を感じていたのはクライエントのはずが，いつの間にか「カウンセラーがカウンセリング関係を終わらせようとしている」ことになっています。この状態は，クライエントがカウンセラーに「カウンセリング関係が終わることへの不安」を投影していることになります。そして，クライエントに「カウンセリング関係が終わることへの不安」を投影されたカウンセラーも，本当はカウンセリング関係を終わらせようとは考えていないにもかかわらず，「カウンセリング関係が終わることへの不安」を抱くようになります。これが投影同一化です。クライエントから投影されたものにカウンセラーが同一化（重ね合わせる）してしまうのです。

カウンセラーも人間ですから，当然感情があります。しかし，カウンセリング中に起こるカウンセラーの感情には，カウンセラーが本来感じるカウンセラー由来の感情と，クライエントとの関係性によって生じる感情があるとされています。カウンセラー由来の感情とは，たとえば猫好きなカウンセラーが，クライエントの猫の可愛さについての語りを聴いて，「猫って可愛いなぁ」という感情が湧くというものです。このカウンセラーが猫

を可愛いと感じることにこのクライエントとのカウンセリング場面であることは影響していません。しかし，猫が特段好きなわけではないカウンセラーが，クライエントの猫の可愛さについての語りを聴いて，「猫って可愛いなぁ」と感じたとすると，普段は猫の話を聴いても何も思わないのに，このときには感情が動いたため，それはカウンセラー由来の感情ではなく，クライエントとの関係性によって生じる感情となります。そして，カウンセリングにおいて重要なのは，このクライエントとの関係性によって生じる感情です。投影同一化は，まさにクライエントとの関係性によって生じる感情です。

　先ほどの話に戻すと，カウンセラーがクライエントに対して「もう来室しないのではないか」という不安を逆転移として感じたときに，その不安は本来クライエントが抱えている感情の可能性があるということです。つまり，カウンセラーの逆転移は，クライエントの感情にアクセスする手がかりになりうるのです。

（3）タイミングの重要性

　（2）で示した4つの手がかりを元に，クライエントの感情を推察し，言葉にして伝えます。しかし，感情の反映は，タイミングを間違えると侵入的になってしまいます。フロイト，S.（Freud, 1923）は，人のこころが「意識」「前意識」「無意識」の3層構造であるとしました。意識は，本人が自覚している部分です。前意識は，ぼんやりと自覚している部分です。そして無意識は，本人がまったく自覚していない部分です。人から，「あなたは髪を触る癖があるね」と言われたとき，「そうだね」と同意できれば髪を触る癖について自覚しているわけですから，この癖に関する認識は意識の領域にあったわけです。「たしかに言われてみれば，触っているかもしれない」とぼんやりと思い浮かべることができるものの，きちんと自

覚しているわけではなかったとすれば，癖に対する認識は前意識の領域にあったといえるでしょう。「髪なんて触らないよ」とまったく自覚できていなければこの癖は本人にとって無意識の領域にあるということになります。

　カウンセリングの学派によっても異なりますが，カウンセリングをしていくと，多くはクライエントの意識と前意識の領域を扱うことになるでしょう。そして感情の反映はまさに前意識の領域に踏み込むことになります。クライエントとのタイミングが合えば，それは「深く理解してもらえた」という体験になりますが，タイミングが合わなければ「土足で踏み込まれた」という侵入的な体験になってしまいます。ロジャース，C. とウォーレン，J. L.（Rogers & Wallen, 1946）も，感情の反映を非常に重要な技術であるとしつつも「クライエントの先を越してはならない」と指摘しています。

　タイミングをどのように計るかを言葉にすることは難しいですが，1〜4章までの技法を用いてクライエントとの関係をしっかりと築けていると感じていることが大前提となるでしょう。技法的には正しいことでも，クライエントとの関係においては正しくないということも起こりえます。1〜4章までの技法を用いて築いた信頼関係を，感情の反映によって，より深いものにします。そして6章以降は，特にクライエントとのしっかりとした信頼関係が土台にあってこそ成立する技法になります。

　また，前意識の領域にあるものが，意識の領域にあがってくると，自分自身のことが少し明らかになり，クライエントのなかで考えたり振り返ったりする材料が増えることになります。自分自身に起こっていること，気持ち，課題に気づき，それを解決していくためには，自分自身について知っていく作業が必要となります。それが前意識の領域にあるものを意識の領域にあげていくことの意義ともいえます。前意識の領域にあるものが意識の領域に移行すると，連動して無意識の領域にあるものが前意識の領

域にあがっていきます。すべてを意識の領域にあげることは不可能ですが，意識の領域のものを増やすことで，自己理解が進み，自分自身で感情や言動をコントロールしやすくなります。

　そして感情の反映は，クライエントの「今の感情」に焦点をあてることが大切です。「以前は○○と感じていたんですね」と過去の感情について伝えたり，「いずれは○○と感じられるようになるといいですね」と未来の感情について伝えたりすることはあるでしょうが，それらも「感情の反映」とはいいません。「感情の反映」を行う際には，タイミングや時機に気をつけましょう。

2．短時間（30分未満）で会っている事例

（1）事例の概要

　カウンセラーは精神科クリニックで勤務しています。このクリニックのカウンセリングは1枠25分です。本日カウンセリングの予約が入っている伊藤さんは30代半ばの女性です。伊藤さんは，抑うつ症状を訴え，クリニックを受診しました。本人の希望と主治医の判断で，カウンセリングが開始されています。

　伊藤さんはショートカットで中性的な服装をしており，「かっこいい」印象を与える方です。カウンセリングが始まり，伊藤さんの話を聴いていくと，2年ほど前から婚活を始めるようになったものの，あまりうまくいっていないことが症状の要因となっているとのことでした。30代前半までは，希望する仕事に就くことができ，キャリアも積み重ねてきましたが，ふと周りを見ると同期は全員結婚していることに気づきました。

　最初は軽い気持ちで結婚相談所に登録し，婚活パーティなどにも行くようになりました。しかし，男性と出会っても，2回目を断られてしまった

り，マッチングしても2-3カ月で別れてしまうことが続き，自分が社会から必要とされていないように感じ，気分が落ち込むようになったとのことでした。最近では，キャリアを積みたい気持ちは変わらないもの，仕事をしていても空しさを感じてしまうようです。こうしたことを語る際には，困ったような顔で笑みを浮かべます。

　カウンセラーは，これまでのことをひととおり聞いた後，伊藤さんにカウンセリングを受けてどうなりたいかを尋ねました。伊藤さんは「結婚できてもできなくても，周りと比較しない自分になりたい」と答えました。カウンセラーはそれをカウンセリングの目標にすることに同意しました。そして伊藤さんの結婚や仕事，将来についての気持ちを一緒に整理していくことを提案し，隔週の頻度でお会いすることで治療契約を結びました。

　カウンセリングのなかで，学生時代からキャリア志向で，今の仕事に就くために熱心に資格取得をしたりセミナーなどに参加していたことを語りました。一方，恋愛に関心がなかったわけではありませんが，「女性らしさ」を求められることに抵抗があり，男性と付き合っても長く続かなかったといいます。「女性らしさ」を求められることへの抵抗の背景には，父親の存在がありました。父親は亭主関白で，母親は専業主婦でした。唯一の娘である伊藤さんに「もっと女らしくしろ」というのが口癖だったそうです。そして，伊藤さんはそうした父親の言葉に強く反発しました。母親のことは嫌いではないもの「弱い人」という評価をしています。

　婚活をしていると「女性らしさ」を強調するよう助言されることが多く，母親のような「弱い人」が求められているように感じ，これまでの自分を否定されているように感じてしまうとのことです。仕事や学生時代の話をするときには活き活きとした様子ですが，両親や婚活の話をするときには，ため息交じりの作り笑顔になります。カウンセラーは，伊藤さんの話を聴いていると，「なんともいえないもどかしさ」を感じ，伊藤さんに「あなたがこれまで積み上げてきたものよりも，抵抗してきたもののほう

が求められているように感じると悔しいですね」と伝えると、「悔しいです……」と呟き、初めて涙を流しました。

伊藤さんは、自分の生い立ちや家族関係を振り返りながら、自身の現在の価値観や思いについて内省を進めています。しかし、25分は短く、いつも「これから」というところで終了時間を迎えてしまい、十分に深まって行かないと感じています。クリニックの予約枠としても、これ以上頻度を増やすこともできません。カウンセラーは、カウンセリングを深めるためにもっと何かできないだろうかと感じています。

（2）事例の解説

カウンセリングは通常1回45〜50分とされていますが、医療機関では30分未満枠のところも多いのではないでしょうか。そもそも1回のカウンセリングが50分であることが通常とされている理由については、明確に語られているものはないようです。細澤と上田（2020）は、50分以下の時間でのカウンセリングを試みた先人たちの考えをわかりやすくまとめて、低頻度でのカウンセリングを行うことについても論じていますので、関心がある方は読んでみてください。

さて、ここでは50分未満でカウンセリングや低頻度でのカウンセリングの是非自体を論じることはしません。クライエントによって、またカウンセラーが用いる技法によって、適切なカウンセリング時間は異なるでしょう。所属機関の都合も重要な要素です。ただ伊藤さんのように、内省力のある方の場合、25分という短い時間かつ、隔週という頻度は、クライエントもカウンセラーも物足りなさを感じてしまうことはあるでしょう。連想が豊かなクライエントや、さまざまなテーマを持ち込まれるクライエントも、短い時間や低頻度でのカウンセリング設定では物足りなさや時間の足りなさを感じるでしょう。

　そうしたときには，クライエントのもちこむテーマのすべてを扱うことは難しくなるため，1つに焦点を絞って介入することが有効です。最初に焦点を絞るものとして，「感情」に焦点をあてるということは，クライエントが自分自身のことに気づいたり，整理したりしていくうえでの第一歩となりやすいでしょう。

①クライエント自身の描写

　伊藤さんは非常に豊かに，かつ率直に感情を表出しています。そのため，どの感情から扱っていくかは悩むところですが，伊藤さんの背景にどのような感情があるかを想像していきましょう。

　まず，伊藤さん自身は今の感情について「気分が落ち込む」「空しさ」「否定されている」と表現しています。これらの感情の背景には，さらにどのような感情があるのだろうと想像していくことが大切です。

　伊藤さんの感情が湧く場面について検討すると，恋愛がうまくいかないときに気分が落ち込んでいる，仕事をしているときに空しいと感じる，女性らしさを強調するように助言されると否定されているように感じるとのことでした。これまで仕事を熱心にしてきた伊藤さんですが，仕事をしているときに空しいと感じ，反対にあまり意識してこなかった恋愛がうまくいかないと気分が落ち込むということから，伊藤さんがこれまで大切にしてきたものの価値が揺らいでいるように感じます。そういった揺らぎからも，これまでの自分を「否定されている」という気持ちにつながっているのかもしれません。

②クライエントが話す（言語的）内容

　感情が読み取れる語りとしては「キャリアを積みたい」「社会から必要とされていない」「周りと比較する」「女性らしさへの抵抗」「弱い人が求められている」があります。

　これらの言語的内容の背景にある伊藤さんの感情を想像してみましょう。伊藤さんが求めているものと周りから求められているものとにギャップがあるように感じているようです。キャリアを積むことよりも，女性らしくなること，弱い人になることが社会から必要とされるのではないかと感じているようにも捉えられます。そして，周りの人とは「結婚ができているかどうか」を比べてしまいます。人と比べるよりも自分の意志を大切にしていたキャリアへの捉え方とは異なる思考が出てきているようです。周りと比べることから生じる「焦り」や将来のことを想像して出てくる「孤独」，婚活への「葛藤」などの気持ちもあるでしょう。

③クライエントの非言語行動

　非言語行動としては「中性的な見た目」「困ったような顔で笑みを浮かべる」「（仕事と学生時代の話は）活き活きとした様子」「（両親と婚活の話は）ため息交じりに作った笑顔」が確認できます。こうしたことを手がかりにすると，伊藤さんにとっての女性らしさは弱さであり，伊藤さんが好きな仕事をこなしてキャリアを積んでいくこととは相容れないと感じているようだと考えられます。こうした非言語行動の背景にある伊藤さんの感情を想像してみましょう。

　伊藤さん自身は仕事やこれまでの人生に誇りを感じており，活き活きと好きな仕事をこなし，キャリアを積みたいと感じているものの，そうした伊藤さんの志向は婚活においては相応しくないと感じているのかもしれません。自分自身にとって価値があると思っていたことが，価値がないと評価されているように感じていることも考えられます。「ショック」や「戸惑い」といった感情が背景にある可能性が想像できます。

④カウンセラーの感情の投影

　カウンセラーがカウンセリング中に感じていた「なんともいえないもど

かしさ」について，どこからきているのかを内省していくと，伊藤さんに感じる「かっこよさ」を失ってほしくないという気持ちと，そのかっこよさを手放さなければ婚活で選ばれにくいのではないだろうかという気持ちとがあることに気づきました。しかし，カウンセラー自身は「かっこいい女性は男性に選ばれにくい」という価値観は持っていません。また，婚活において女性が男性に「選ばれる」という考えにも否定的です。そうであるにもかかわらず，伊藤さんの話を聴きながら，「かっこよさを手放さなければ選ばれにくい」と感じている自分に気づきました。これは，伊藤さんの話を聞いていることで生じた思考のようでした。そのため，「これは私の価値観ではなく伊藤さんが感じていることに投影同一化しているのではないだろうか」と考えました。そして，カウンセラーが感じる伊藤さんの築いてきた内外的なかっこよさを失ってほしくないという思いは，伊藤さん自身もかっこいい自分でありたいと願いつつも，伊藤さんが築いてきたものが誰にも受け入れてもらえないと感じ落ち込むのだろうと推察を深め，そうした伊藤さんの思いに寄り添うと，「悔しい」という感情が浮かびあがってきました。

⑤タイミング

感情へアクセスする手がかり4つを通して，カウンセラーは伊藤さんが，①これまでの自分を「否定されている」と感じる，②キャリアを積むことよりも女性らしくなることが社会から必要とされるのではないかと思う「焦り」「孤独」「葛藤」，③自分自身にとって価値があると思っていたことが，価値がないと評価されているように感じる「ショック」「戸惑い」，④かっこよさを手放さなければ結婚できないと感じ「悔しい」などの感情があるのではないかと想像しました。いずれも共通する内容である「これまで積み上げてきたものよりも，抵抗してきたもののほうが求められているように感じている」ことは伊藤さんの前意識にあるものだといってよい

でしょう。繰り返し話題にあがっていること，話す内容や非言語など複数の要因に表れているものなどは，前意識にあるサインだといえます。

　伊藤さんのなかには，父親や母親への怒り，自分自身がやってきたことへの誇り，結婚というものへの憧れ，ほかの人への羨望など，ほかにもさまざまな感情があるでしょう。今，語られているものは，意識されているものの一部になります。今後，カウンセリングを進めていくなかで，浮かびあがってくる伊藤さんの感情に焦点をあて，感情の反映を行い言語化していくことで，伊藤さんのなかにあるいくつかの感情が明確になるでしょう。そして6章にある意味の反映なども用いて，課題の解決を行います。

（3）事例のまとめ

　伊藤さんのように内省力がある方の場合には，感情の反映を行うだけでも内省が進み，自ら課題を解決できるようになるでしょう。カウンセラーにとっても，クライエントが言葉にしているものだけでなく，その背景にあるものを想像する練習として，感情の反映は非常に重要な技法だといえます。カウンセリングのなかで，感情の反映としてクライエントの前意識にある感情を言語化するだけでなく，カウンセリングを実施した後に，なぜその言葉を用いたのか，なぜその感情がクライエントの背景にあると感じたのかをさらに言葉で説明できるようにしてみましょう。そうした訓練の積み重ねを行うことで，カウンセラーとしての技術が向上します。日ごろから，言葉の背景にあるものについて想像することを習慣づけること，多くの感情を表現する言葉を本などからたくさん見つけ，語彙力を増やすことを意識しましょう。

　カウンセリング場面以外でも，対象者の感情の反映を行うことは可能です。ただし，大勢人がいる場所で行う場合には十分注意をしましょう。感情の反映は，クライエントの内面に触れることになります。人に見せたく

ないものを，突然晒されたかのように感じる人もいるでしょう。人前では
素直に感情を認められないこともあるでしょう。日ごろ，集団対応してい
る方の場合には，個別面談の機会や少し集団から離れた場で話す際に伝え
るようにするとよいでしょう。

⇄　「感情の反映」のまとめ

1　クライエントの背景にある感情に焦点をあて，クライエントをより
　　深く理解しましょう。

2　クライエント自身の描写，クライエントが話す（言語的）内容，ク
　　ライエントの非言語行動，カウンセラーの感情の投影を手がかりに
　　クライエントの感情へアクセスしましょう。

3　クライエントの前意識にある感情に焦点をあてるようにしましょ
　　う。

▶▶▶　この章を読み終えた後は

　ケース記録を読み返し，クライエントが感情を描写している部分やク
ライエントが話している内容から読み取れる感情について考えてみま
しょう。また，クライエントの非言語的行動も思い返してみましょう。
さらに，カウンセリングのなかで湧きおこる自分の感情を意識してみま
しょう。

文献

Freud, S.（1910）. The future prospects of psychoanalytic therapy. In *Standard Edition*, 11, Hogarth Press, 1957, p.141‒151.　小此木啓吾（訳）（1983）. 精神分析療法の今後の可能性. フロイト著作集 9. 人文書院. p. 44‒54.

Freud, S.（1923）. The ego and the id. In *Standard Edition*, 19. Hogarth Press, 1955, p.1‒66. 井村恒郎・小此木啓吾（訳）（1970）. 自我とエス. 井村恒郎・小此木啓吾（訳）フロイト著作集 6. 人文書院. p. 263‒299.

Hill, C. E.（2004）. *Helping skills: Facilitating exploration, insight, and action*, Second Edition. American Psychological Association.　藤生英行（監訳）（2014）. ヘルピング・スキル［第 2 版］──探求・洞察・行動（アクション）のためのこころの援助法. 金子書房.

細澤仁・上田勝久（編）（2020）. 実践に学ぶ 30 分カウンセリング──多職種で考える短時間臨床. 日本評論社.

Rogers, C. R. & Wallen, J. L.（1946）. *Counseling with retumed servicemen*. McGraw-Hill. 手塚郁恵（訳）（1967）. 復員兵とのカウンセリング. 友田不二男（編訳）. ロージャズ全集 11　カウンセリングの立場. 岩崎学術出版社. p. 1‒170.

5
章

感情の反映

6章

意味の反映

1. 技法についての説明

（1）意味の反映の重要性

　感情の反映が身についてきたら，次は「意味の反映」を練習しましょう。意味の反映は，クライエントの背景にある意味に焦点をあてる方法です。ここでいう「意味」はクライエントが，出来事をどのように意味づけているかということです。意味の反映は，感情の反映と基本的な考え方は共通しています。

　たとえば，友達に挨拶をしたときに応答がなかったとします。その出来事に対して，「私のことが嫌いだからだ」という意味づけを行うか，「挨拶の声が聞こえなかったからだ」という意味づけを行うかは，人によって異なるでしょう。同じ出来事であっても，一人ひとりの「意味づけ」は異なります。しかし，多くの人は，出来事に対する意味づけも「出来事」としてとらえてしまっています。そのため，先ほどの挨拶が返ってこなかった例の場合，客観的出来事は「挨拶をしたときに応答がなかった」ということなのですが，「私のことが嫌いだから応答しなかった」と感じた人は「挨拶したけど無視された」出来事として語るのです。こうしたときに「挨拶をしたときに返答がなかった」という出来事に，なぜ「無視された」

という意味づけを行ったのか確認していきます。

　「私のことが嫌いだから挨拶を無視する」と意味づけも含めて語っているクライエントには「意味の反映」をする必要はありません。しかし，クライエントによっては「挨拶したけど返ってこなかった！」と怒りながら語ることがあります。この場合には，客観的な出来事のみを言葉にしていますが，怒りながら語っているわけですから，単に客観的な出来事としてとらえているわけではありません。怒っている理由がそこに意味づけられているのですが，それが意識化されておらず，言葉になっていません。意味の反映で応答するとどうなるか，これまで学んできた技法と合わせて確認しましょう。

> **言語的追跡での応答**　挨拶したのに返ってこなかったのですね。
> **いいかえでの応答**　　挨拶したとき，相手は無言だったのですね。
> **感情の反映での応答**　挨拶が返ってこなくて怒っているのですね。
> **意味の反映での応答**　挨拶が返ってこなかったことを「私のことが嫌いだから」と思っているようですね。

　意味の反映を行うと，感情の反映と同様に，クライエントはカウンセラーにより深い部分まで理解されていると感じるでしょう。クライエントの前意識にある「意味」に焦点をあてるということも，感情の反映と共通しています。また，今回のように，クライエントの一面のみに着目して意味の反映を行うことはせず，必ずこれまでの文脈やクライエントの背景を理解したうえで用いてください。

（2）4つの側面と相互作用

　クライエントが出来事に対して行っている意味づけを，「認知」や「ス

キーマ」といった言葉で説明するカウンセラーもいます。それらの理解でも問題ありません。マイクロカウンセリングでは，行動・思考・感情・意味の4つの側面が同時に機能して1つのシステムになっていると説明しますが，認知行動療法は，自動思考・気分（感情）・身体反応・行動の相互作用に着目します。いずれも，状況や出来事に対して，クライエントのなかにある思想や価値観，もののとらえ方が，気分や行動に影響しているという考え方です。そして，それぞれ4つの側面は，相互に影響しあっているため，どの側面にアプローチしてもクライエントの変容へとつながります。

　ここではマイクロカウンセリングの4つの側面の言葉を用いて説明を続けます。クライエントが語っている事柄について，行動・思考・感情・意味がどのように機能し，関連しているかを分析することは，とても重要なことです。そして，この4つの側面とその相互作用は，これまで習得してきた技法によって明らかにすることができます。

　先ほどの挨拶をしても応答がなかったという例で分析すると，以下のことがわかります。

　　感情：怒っている。
　　意味：私のことが嫌いだから。

　しかし，「行動」や「思考」は明らかではありません。このクライエントが，なぜ挨拶への応答がないと「私のことが嫌いだから」と感じるのか，なぜそのことに怒りを感じるのかを閉ざされた質問や開かれた質問，「いいかえ」などで確認します。「いいかえ」は「思考」に働きかける役割も担っています。

　　カウンセラー　　相手は無言だったのですね。　いいかえ
　　クライエント　　聞こえているのに，わざとそうしたんです。

　このように，「応答がなかった」という出来事をカウンセラーが「無言だった」といいかえることで，クライエントはカウンセラーが出来事に対して「無言だった」と受け取っていることに気づくことができます。そして，カウンセラーの受け取り方に対して，意見を述べることができます。

> **カウンセラー**　相手がわざと応答しなかったと感じて，あなたはどうしたのでしょう？ 開かれた質問
> **クライエント**　にらみつけてやりました。

　相手から挨拶への応答がなかったという出来事に対して，クライエントがどのような行動をとったのか，開かれた質問で尋ねます。これらのやりとりを通して次の2つの側面が明らかになりました。

> **思考**：聞こえているのにわざと応答しなかった。
> **行動**：相手をにらみつけた。

　ここから，さらに4つの側面がどのように作用しているかを明らかにしていきます。

> **カウンセラー**　相手が自分のことを嫌いだと思って怒りが湧いたんですね。 要約

　これは意味と感情の作用を確認しています。「応答がなかった」という出来事に怒りが湧いているのではなく，「私のことが嫌いだから」という意味づけが行われたことで怒りが湧いていることをクライエントと共有することができます。そして，「私のことが嫌いだから」と思うことによってなぜ「怒り」が湧いたのかを考えていくことも大切です。

　カウンセラー　怒りが湧いたから，相手をにらみつけたんですね。

要約

　これは感情と行動の作用を確認しています。「怒り」という感情によっ
て，「にらみつける」という行動が生起されたことをクライエントと共有
しています。「にらみつける」という行動をとったことで，その後，感情
や思考がどのように変化したかを確認することも大切です。「にらみつけ
てすっきりした」ということであれば，その行動は継続してもいいかもし
れませんが，「にらみつけたけど，相手はそのことに気づかなかったので
余計に怒りが湧いた」ということであれば，その行動はクライエントに
とっては適切ではなかったということを話し合います。

　カウンセラー　友達に挨拶をしたときに応答がなかったのは，聞こえ
　　ているのにわざとしたことだと感じ，あなたは「私のことを嫌いだ」
　　と思ったのですね。　要約

　これは，要約を用いて思考と意味の作用を確認しています。思考と意味
の作用に焦点をあてた場合には，「わざとしたことだ」と考えたために応
答がないという出来事に対して「私のことが嫌いだから」という意味づけ
が起こっていることを伝えています。そして応答がなかったことを，なぜ
「わざとしたことだ」と思考したのか，なぜ「私のことが嫌いだからだ」
と意味づけたのかを丁寧に確認していくことで，クライエントが「応答が
なかった」出来事をどのように意味づけているかをさらに深く知ることが
できます。そうした意味づけは過去のいじめ体験に起因しているかもしれ
ませんし，クライエントが「人から嫌われやすい」という自己否定が強い
ことを示唆しているのかもしれませんし，実際にその友達との関係がうま
くいっていないことを反映しているのかもしれません。意味づけは，クラ

イエントの過去の体験，価値観，思想などを明らかにします。

（3）「意味」は気づきにくい

　4つの側面のなかで，一番クライエント自身が気づきにくいのが「意味」でしょう。「応答がない＝私のことが嫌い」だという捉え方が強いクライエントは，誰もが同様の捉え方をしており，その論理は妥当であると感じています。そこにクライエント自身の内的な動きが関与しているとは意識しにくいのです。「意味の反映」を行うことで，クライエント自身が出来事に対して意味づけを行っていることに気づき，その意味づけを行った背景を探っていくことで，出来事への意味づけの変更を検討できるようになります。

　また，この4つの側面の分析を行ううえで重要なのは，カウンセラーの価値観をできる限り持ち込まないことです。カウンセラーも「私のことが嫌いだと思うと怒りが湧く」という価値観を持っていれば，クライエントがそう語るのは当然のこととして取り上げることもせず，話は深まらないでしょう。相手が自分を嫌いだと思っていると思ったときに，悲しくなる人や孤独を感じる人もいますし，相手との関係性によっては何も思わないという人もいるかもしれません。カウンセラーも自身の価値感や思想によって，日常の体験に意味づけを行っています。そして，それがクライエントの話を聴くときにも影響することを意識しておく必要があります。

　「意味の反映」と「感情の反映」は，前意識に働きかけるという点や，クライエントの内的な深い部分に焦点をあてるという点で共通しています。しかし，技法として先に習得しやすいのは「感情の反映」でしょう。「意味」より「感情」のほうが気づきやすく，共有しやすいからです。

　先ほどから例にあげている挨拶の話をとりあげると，「挨拶したけど返ってこなかった！」と怒りながらエピソードを語るクライエントに，

6章

意味の反映

「あなたは挨拶が返ってこなかったことで相手が自分を嫌っていると感じているようですね」と伝えるのは，クライエントにとっては唐突に感じられるかもしれません。しかしこのときに，感情の反映を用いて「あなたは挨拶が返ってこなくて怒っているのですね」と伝えると，クライエントは同意しやすいでしょう。感情を明らかにした後，「挨拶が返ってこなかったことに怒りが湧くのはどうしてなのでしょう？」と尋ね，挨拶の応答がなかった友達とのほかの出来事や挨拶に関する価値観などを聞くなかで，クライエントにとって，挨拶の応答がなかったことがどのような意味づけになっているかを明らかにしていきます。その結果，「あなたにとって挨拶を返さないというのは嫌っているということになるのですね」と意味の反映を行うと有効でしょう。

（4）具体的なエピソード

「意味の反映」を行うときにはクライエントに具体的な出来事を語ってもらうことが大事です。なぜ具体的な出来事が大事かをみていきましょう。

　　クライエント　私はいつも人に嫌われるのです。

これだけでは，なぜクライエントがそのように思うのかがわかりません。この時点で感情や意味に焦点をあてると，どうなるでしょうか。

　　カウンセラー　人から嫌われると思うとどう感じますか？
　　クライエント　悲しいです。
　　カウンセラー　どうして悲しいのでしょう。
　　クライエント　人から嫌われているのだから，悲しくて当然でしょう。

　このように抽象的なやりとりになってしまい，話が深まりにくくなります。そこで，まずは具体的な出来事が出てくるように質問をします。

カウンセラー　どうしてそう思うのでしょう？ 開かれた質問
クライエント　職場の人もみんな私を嫌っています。
カウンセラー　職場の方があなたのことを嫌っていると思われた出来事を教えてもらえますか？ 開かれた質問
クライエント　話しかけても無視されるんです。

　少し具体的になってきました。しかし「話しかけても」というのがどういう状況かによって，「嫌われている」ということが，どのような相手の言動に対して意味づけされたのかがわかりません。

カウンセラー　具体的にどのような場面で無視されたのかを教えてもらえますか？ 開かれた質問
クライエント　昨日，大事な会議の準備をしていたのですが，資料にミスが見つかって。それでみんなで大あわてで修正していました。そのときにどれから印刷をしたらいいかわからず，近くにいた先輩に声をかけたのですが，無視されてしまって。
カウンセラー　わからないことを聞こうとして，応答がなかったことで，嫌われていると感じたのですね。 要約

　これで具体的な状況が明らかになりました。大あわてで準備をしていたときに，近くにいた先輩に声をかけ，反応がなかったことに対して，クライエントは「みんなから嫌われているため」という意味づけをしています。ここからさらに，応答がない＝嫌われていると意味づけるのはどうしてなのかをクライエントと話し合っていきます。そして，「職場の人みん

な」や「いつも」という発言に対しても，そう思う具体的な出来事を聞き，どのような出来事に意味づけが行われているかを確認していきます。

2．年に数回しか来談しない事例

（1）事例の概要

　カウンセラーは，数年前から自分でカウンセリングルームを開業しています。ここでは，自費でカウンセリングを実施しています。3年ほど前に，インターネットから申し込みがあった渡辺さんは，「妻との関係について相談したい」と来所されました。

　渡辺さんは，来談当時は40代半ばで，中学生と高校生の子どもがいます。妻とは20代後半に結婚しましたが，仕事が忙しく，育児や家事はほとんど妻に任せてきました。渡辺さん自身は，「仕事も家庭もそれなりにうまくやってきた」と感じていましたが，妻から「結婚生活がしんどい」と告げられ，それ以降妻は渡辺さんに対してほとんど口をきかなくなったそうです。渡辺さんは，定年退職後，妻とゆっくり旅行に行ったりして二人で過ごしたいと考えていたため，妻の言動にショックを受け，「どうしたらいいか」と妻に尋ねたそうですが，妻からは「私に聞かないで」と突き放されてしまいました。そして，誰に相談したらよいかわからず，カウンセリングルームを検索して申し込みに至ったとのことでした。

　これまでの夫婦関係についてカウンセラーが話を聴いていくと，渡辺さんは「仕事の愚痴も言ったことがない」と，家族のために仕事を頑張ってきことや，妻も同じ思いで自分を支えるために家事や育児を頑張ってくれていたと語りました。そして，「妻のことを信頼していたからこそ何も言わなかった」と語り，お互いに何も言わなくても通じ合っていると安心していたそうです。

　そのため妻から「結婚生活がしんどい」と言われたことは，渡辺さんに
とって青天の霹靂だったようです。カウンセラーが「渡辺さんは，どうし
てそこまで奥さんを信頼していたのですか？」と尋ねると，「結婚とはそ
ういうものです」と答えました。カウンセラーが「渡辺さんにとって，
"何も言わない"ということは，信頼しているというメッセージだったの
ですね」と伝えると渡辺さんは大きくうなずきます。カウンセラーが「奥
さんにとって，"何も言わない"ということは，どのようなメッセージ
だったのでしょうか」と尋ねました。渡辺さんは，ハッとしたような表情
になり，「妻から子どもの進路のことや，家のことについて相談されたこ
ともありましたが，いつも『任せる』と伝えていました。時折，妻は怒っ
て『もっと一緒に考えてほしい』と言っていました。今，自分から妻に話
しかけても，『好きにしたらいい』という言葉しか返ってきません。自分
のほうを向いてもらえないと辛いのですが，妻もそういう気持ちだったの
かもしれません……」と肩を落としました。しかし，カウンセリングの終
わりには「妻の気持ちが少しわかったように思います。今後，関係を変え
られるかわかりませんが，頑張ってみます」と語り，次の予約はとらずに
帰りました。

　それから，3，4カ月に1回，申し込みが入り，近況報告がなされます。
妻に真摯に謝罪し，これまでできていなかった話し合いをしたいと思って
いること，家事や子育てを手伝いたいと思っていることを伝え，良好とは
いえないまでも，少しずつ夫婦関係の再構築がなされています。カウンセ
リングのなかで渡辺さん自身の言動を振り返り，客観的に自分をとらえる
ことが，役立っているようです。

（2）事例の解説

　カウンセリングの頻度は，用いる技法やクライエントの主訴，状況に

よっても異なるでしょう。実施頻度は，治療方針に大きく関係します。た
とえば，医師が薬を処方した際には，1日何回，何日間飲むかという指示
が出ます。カウンセリングの頻度もこれと同じです。主訴に対する技法と
その技法が最も有効となる頻度については，カウンセラーが専門家として
提示することが重要だと考えています。そのうえで，クライエントが自身
の事情を踏まえ，提案されたものに同意するかどうかを決めます。カウン
セラーが「クライエントが望む頻度で来談してもらえたらいい」という場
合には，その方法がクライエントの主訴を解決するために妥当であるとカ
ウンセラーが判断したということになります。クライエントがカウンセ
ラーの提案した頻度で来談することが難しい場合には，「毎週来談すると
○○の効果があります。月1度の来談の場合には○○に対応することはで
きますが○○は難しくなります」といった説明を行い，それぞれのメリッ
ト・デメリットについてきちんとクライエントが理解できた状態で選択し
てもらい方針を決定します。これは，9章の論理的帰結に関連しますので
参照してください。

　渡辺さんのように，妻との関係をどうしたらよいかまったくわからない
という状況で来室し，カウンセラーの少ない介入で妻の気持ちに気づくこ
とができました。妻との関係を良くしたいというモチベーションが大きい
場合，気づいたことを元にクライエントが行動を積極的に変容させていく
ことが考えられます。そのため，年数回のカウンセリングでも十分に効果
があるといえるでしょう。近況を語っていくなかで，カウンセラーが何も
介入しなくても，自らの意味づけに気づき，納得することもあります。こ
のような場合，一見，カウンセリングは必要ないように思えますが，話す
内容を批評されず，客観的に自分の言動について振り返る時間というもの
は，意外と日常生活のなかでは確保しづらいのです。カウンセリングの場
は，日常から少し離れ，自分と向き合う時間として使用できます。そし
て，年に数回来所した際には，4つの側面を意識しながら話をお聴きし，

クライエントが意識しづらい部分のサポートを行うことがカウンセラーの役割といえるでしょう。

①4つの側面

それでは渡辺さんの行動・思考・感情・意味を，妻から子どもの進路のことを相談された場面をとりあげて分析してみましょう。

行動：「任せる」とだけ伝え何も言わない
思考：妻のことを信頼している
感情：安心，信頼
意味：結婚は互いに信じあうもの，信頼していたら何も言わなくてもわかる

カウンセラーが妻を信頼している理由を尋ねた結果，渡辺さんの価値観のなかに「結婚は互いに信じあうもの」というものがあることがわかりました。そのため渡辺さんにとって，「何も言わない」ことは「信頼しあっている」証となっていました。そして，その価値観は当然のものであり，妻もそう思っていると確信していました。そしてその意味づけが，行動，思考，感情に影響を与えていました。

②意味の反映

渡辺さんは，自身の行動や思考，感情の背景にある意味について，自ら気づくことができました。そのため，カウンセラーは渡辺さんが語った内容を要約し，妻にとっての「意味」について考えを促す質問を投げかけています。つまり，渡辺さんが妻に対して「意味の反映」が行えるように介入しています。これは，クライエントが自身の意味づけについて気づくことができた場合に有効といえるでしょう。クライエントが自分で意味づけ

するのを待たずにカウンセラーが「奥さんはこういう思いだったのではないか」と伝えてしまうと，クライエントは言われたことを理解できても，ほかの場面や状況になったときに自分で考えることが難しくなったり，ともすればカウンセラーが妻の肩を持ったと受け取ってしまう可能性があります。

　もし，渡辺さんが，「何も言わない」ことに対する妻の意味づけの想像が難しいようであれば，妻に話しかけても「好きにしたらいい」としか返ってこない状況について，どのような感情が湧くのか，どのような思考が動くのかなど，4つの側面に焦点をあてた分析を行い，「何も言わない」という状況に対して「信じあっている」以外の意味づけが出てくるかどうかを検証します。こうした分析に対してクライエントが何も浮かばない場合には，「友達に聞いたらどのような返答が返ってきそうか」などと尋ねたり，カウンセラーの意見を「私だったら……と感じるかもしれません」などと伝えることも方法の1つでしょう。

（3）事例のまとめ

　クライエントが行う意味づけは，行動，思考，感情に大きく影響します。そのため，どのように意味づけを行っているかを理解することは，クライエントの行動，思考，感情についての理解を深めることになります。渡辺さんの場合にも，「結婚は互いに信じあうもの，信頼していたら何も言わなくてもわかる」という意味づけを明らかにしなければ，なぜ「何も言わない」のか，なぜ「任せる」とだけ伝えることが信頼していることにつながるのかわからないでしょう。そして，その意味づけを明らかにしないまま介入を行うと，クライエントの信念と対立してしまい，クライエントは「わかってもらえない」と感じてしまいます。

　私は，カウンセリングは筋トレに似ていると感じています。筋トレを自

己流で行っても，ある程度成果は上がりますが，トレーナーに正しいフォームを教わることで，より効率的に成果を上げることができます。しかし，トレーナーに正しいフォームを教わりながら月に1回，筋トレをするだけで筋肉はつきません。正しいフォームを元に，自主的に筋トレを実施することで筋肉はついていきます。そして，正しいフォームがある程度わかり，身についていくと，トレーナーに指導を受ける回数を減らし，自分で実践していくことができるでしょう。それでも時々，自己流になっていないか，正しいフォームで実施できているかを確認するためにトレーナーの元にやってくることもあるでしょう。

　意味づけは「正しいフォーム」があるわけではありません。クライエントにとって良い意味づけをクライエント自身が発見していく必要があります。しかし，それを1人で行うのはなかなか骨が折れる作業です。そのため，効率よく良い意味づけを発見していくためにカウンセラーが存在するのです。そして，自身にとって適切な意味づけをカウンセリングの場で発見できたとしても，それを日常生活のなかで活用できなければ，行動や思考，感情に変化は生じません。カウンセラーと共に考えたクライエントにとって良い意味づけが日常生活のなかで活用されたうえで，その意味づけが適切かどうか見直し，適切な意味づけが定着するよう反復する必要があります。どのようにすればよいかわかっていても，渡辺さんのように年に数回，確認や微修正のために来談されることもあるでしょう。

　「意味の反映」は，1対1のカウンセリングの場だけでなく，集団療法やSSTの場でも活用することができます。参加者の一人がネガティブな感情が湧いた具体的なエピソードを発表し，それについて，ほかの参加者が質問をしていくことでエピソードに対する感情や意味，行動，思考を明らかにします。そして，発表者がエピソードに対して行っている意味づけ以外に，どのような意味づけができそうかをほかの参加者が意見を言い合います。こうすることで，発表者がエピソードに対して行っている意味づ

けが，「絶対的なもの」ではないことに気づくことができます。また，ほかの参加者も自分が発言したり，ほかの参加者の意見を聞くことで，自分のなかにある意味づけや思考の癖に気づくことができ，視点を広げることができるようになります。グループで実施する際には意見を押し付けないなどのグループ活動を行ううえでの基本的なルールが共有された場で行うことが大切です。

⇄　「意味の反映」のまとめ

1　クライエントの背景にある「意味」に焦点をあて，クライエントをより深く理解しましょう。

2　具体的なエピソードにおける意味づけを検討しましょう。

3　行動，思考，感情，意味の４つの側面を理解し，それぞれがどのように相互作用しているかを分析しましょう。

▶▶▶　この章を読み終えた後は

ケース記録を読み返し，クライエントが語っている具体的エピソードから，行動，思考，感情，意味の４つの側面とその相互作用を分析してみましょう。また，そのエピソードを分析している自分自身は，どのような行動，思考，感情，意味づけを行いやすいかを考えてみましょう。

文献
日本認知・行動療法学会（編）(2019). 認知行動療法事典. 丸善出版.

コラム3

教育分析をどうするか

　「感情の反映」や「意味の反映」を行ううえでは，カウンセラー自身が自分の価値観や感情，思想に気づくことが重要であるということを書いてきました。しかし，自分で自分のことを理解するということは案外難しいものです。

　カウンセラーとしての訓練の1つに「教育分析（訓練分析）」があります。これは，カウンセラー自身が実際にカウンセリングを受けるというものです。クライエントが受けるカウンセリングと何ら違いはありません。そのため，「教育分析」ではなく，「カウンセリングを受ける」という表現でよいのではないかという議論もあります。私も，教育分析はカウンセリングと違わないという立場をとりますが，ここでは一般的に広く用いられる「教育分析」という言葉を用いて説明を行います。

　教育分析を受けることのメリットは，カウンセラーが自己分析をしっかり行うことができるため，カウンセリング中のカウンセラーのこころの動きに敏感になれ，クライエントのこころの動きと混同しにくくなるということ，カウンセリングをクライエントのためだけのものにすることができるということがあげられます。そして，カウンセリングを受けることの意味や効果について実感できたり，カウンセリング中の苦しさや通うことの大変さを感じたりすることもできるでしょう。

　教育分析を受ける時期は，人それぞれのタイミングでよいと思いますが，できることならカウンセラーになる前や初学者のうちに受けておくと，体験によって得られたものを実践で活かせる機会が多くなるでしょう。必要に応じて，経験を積んでから再度教育分析を受けることもよいと思います。

　また，誰に教育分析を受ければよいのかということについては，自分自身が身につけたいと思っている学派や技法を用いるカウンセラーに申し込むのが最も望ましいでしょう。研修や書籍などを通して率直に「この人に受けてみたい」と思ったときに思い切ってアポイントメントをとってみたり，指導教員やスーパーヴァイザー，職場の先輩など身近な人に紹介してもらったりすることが多い印象です。最近では，カウンセリングルームのホームページで教育分析を引き受けることを明文化している方も増えてきているため，インターネットで検索して申し込む人も増えているようです。

　教育分析の場合にも，カウンセラーとの多重関係は避けるべきだといわれていますので，日ごろ，研修等で会いやすい人は避けることが望ましいでしょう。そのため，よく会う人に教育分析を依頼するのではなく，教育分析を引き受けてくれる人を紹介してもらえないか尋ねてみましょう。

　受ける期間や実施頻度なども，学派などによって大きく異なりますが，自分自身が実践する内容に近いものを体験することが望ましいのではないかと思います。

　もし，教育分析を受けることに対して，金銭や時間のやりくりについて難しいと感じたり，自分と向き合うことの怖さを感じたり，担当カウンセラーがどのような人かと不安を感じたりしたときには，それらの感情はクライエントも抱えているものだと理解できるでしょう。教育分析そのものの体験だけでなく，教育分析を受けることを悩む体験も役立つのではないでしょうか。

7章

受容・共感

1. 技法についての説明

（1）共感とは

「意味の反映」までが習得できると，クライエントの話を傾聴するとい
うことはきちんとできるようになっているでしょう。傾聴ができるように
なると，次は受容・共感の習得の段階です。カウンセリングといえば，
「受容・共感」といわれるほど，この言葉は広く使われているように思い
ます。カウンセラーでなくても，たとえば学校の先生や保護者が，「子ど
もの話を聴くときには受容と共感をしましょう」といわれたりもします。
しかし，実際に，カウンセラーが用いる受容・共感は，日常会話のなかで
気軽に達成できるものではありません。クライエントが語ったことに，た
だ賛同すればよいということではないのです。おそらく，カウンセリング
技法のなかで，一般の方が思い描くものと最も大きな隔たりがあるのが受
容と共感ではないでしょうか。

「受容と共感」という語順で言い表されることが多いため，そのように
書いてきましたが，実際には，共感がなければ受容は困難です。そのた
め，まずは共感について書いていきます。

来談者中心療法を提唱したロジャース，C.（Rogers, 1961）は，共感に

ついてカウンセラーが自分自身の独自性を見失うことなく，クライエント
の見るまま感じるままに理解することだと説明しています。

　つまり，共感するためには，まずクライエントの経験をクライエントの
見るまま感じるままに理解しなければなりません。

　　クライエント　もう毎日が辛いです。
　　カウンセラー　毎日が辛いのですね。

　クライエントの話をじっくり聴いた後でなければ，これは共感ではなく
「繰り返し」になります。クライエントが話した言葉を繰り返しているだ
けで，クライエントの辛さをクライエントが体験しているように感じて発
した言葉ではないからです。

　クライエントの見るまま感じるままに理解するためには，クライエント
の体験を詳細に聴いていかなければなりません。

　　クライエント　もう毎日が辛いのです。
　　カウンセラー　毎日が辛いんですね。　繰り返し
　　クライエント　毎日，仕事をこなしてもこなしても終わりが見えず，
　昨日も休日出勤でした。

　「繰り返し」を行うことは，クライエントに対する「話を聴いている」
というメッセージになり，クライエントは安心して話を続けられます。す
ると辛い理由として仕事の話が出てきました。しかし，これだけでは，ク
ライエントが体験している辛さをそのまま感じることはできません。

　　カウンセラー　ずっとそのような状況が続いているのでしょうか？
　　閉ざされた質問

クライエント　もともと，忙しい職場でしたが，先月，先輩が退職したことでさらに忙しさが増しました。仕事量に対して，人員が明らかに足りていないのです（少し怒った口調）。

カウンセラー　会社に対して腹が立っておられるのでしょう。

感情の反映

クライエント　そりゃそうですよ。人が足りないのは明らかなのに，会社は人を増やそうともしない。それなのに納期は守れって。むちゃくちゃです。

　カウンセラーは閉ざされた質問をして，状況をより詳細に確認しています。そして，クライエントの語りの背景に，会社への怒りがあると感じ，感情の反映を行っています。

カウンセラー　会社に対して，むちゃくちゃだと腹を立てておられる。それでも休日出勤や残業をして仕事をこなしておられるんですね。　要約

クライエント　仕事をしないと取引先に迷惑がかかりますから。後輩ももう限界なので，これ以上は無理をさせられない。

カウンセラー　取引先や後輩のことまで，あなたがなんとかしなければならないと考えておられるんですね。　いいかえ

クライエント　自分が頑張るしかないので。ほかに頼れる人がいるわけでもないし。

カウンセラー　あなたは会社の責任もあなたが負うべきだと考えているようです。　意味の反映

クライエント　そういうわけじゃないですけど……。仕事ってそういうものだと思うので。

　要約や意味の反映を行い，感情（会社に対して腹が立つ），行動（休日出勤，残業），思考（自分が頑張るしかない，頼れる人がいない），意味（会社の責任も自分が負う，仕事とはそういうものである）が明らかになってきました。それでも，クライエントが「仕事とはそういうもの」だと思う背景はわかりません。

　この後も，クライエントの見るまま感じるままに理解するためには，もっともっと話を聴いていく必要があります。具体的なやりとりで示したように，クライエントが見ていることを知り，感じていることを知るためには，これまで習得してきた技法をすべて駆使して，クライエントの話を丁寧に聴かなければなりません。一般向けの書籍に「人の話を聴くときにはまず受容と共感」というタイトルがつけられていたりしますが，受容と共感は，基本的な傾聴技法をしっかりと身につけて話を聴いた後でなければ不可能です。そして 50 分間話を聴いても，共感できないこともあります。クライエントの見るまま感じるままに理解するように感じることはそう容易ではないのです。

（2）クライエントとまったく同じ気持ちは体験できない

　クライエントが体験していることを同じように体験できるようにするために，カウンセラーがクライエントと完全に同一化してしまえばよいのかというと，そうではありません。クライエントの見るまま感じるままに理解することを「カウンセラーが自分自身の独自性を見失うことなく」しなければなりません。つまり，カウンセラーは「自分は自分」であり，クライエントとは異なることを認識したうえで，クライエントが体験したことを体験しようとする必要があるということです。

　日本の臨床心理学の礎を築いた河合隼雄（1970）でも，「私の体験ではクライエントの気持ちが絶対，本当に分かったことは一度もありません」

と述べており，続いて「その人のされたことと，私のしたことがよく似ていて共感できるのでなくて，その人のしたことと，私の体験とは相当違うのだが，あるいは，違うが故に，その違う体験を共通に感じあおうとしてこそ，二人は深い理解に至るといってよいかもしれません」と述べています。

　たとえば，カウンセラーが業務多忙で「辛い」という体験をしたことがあったとします。しかし，それはクライエントが業務多忙で「辛い」という体験をしたこととイコールではなく，どれくらい近い「辛い」なのかもわかりません。しかし，違うということを理解したうえで，なお，相手の「辛い」を理解しようとする姿勢が大切だということです。クライエントと同じ体験をすることはできないけれど，その体験を理解しようと努めることこそが共感なのです。

　クライエントとまったく同じような気持ちになったとしても，それは「わかったつもり」になっているだけでしょう。別々の人間が，「まったく同じ気持ち」を体験することはできないはずです。

（3）自分と似ているクライエント・似ていないクライエント

　私は，自分と似ていると感じるクライエントと，自分と似ていないと感じるクライエントの両方ともに同じくらい共感をすることは難しいと感じています。

　自分と似たような感覚であったり，思考であったり，体験をしているクライエントは，先に書いたように「わかったつもり」になってしまいやすいのです。そのため，深く聴く前に，自分の感覚や思考や体験を安易にあてはめて，「きっとこうだろう」と決めつけてしまうため，非常に危険です。自分と似ているな，と感じたときほど，自分の体験や思考は横に置く意識を高め，クライエントの話をより深く聴こうとする姿勢が必要となり

ます。

　一方で，自分と真逆な感覚や思考，体験をしているクライエントの見る
まま感じるままを理解することもなかなか大変でしょう。いくら話を聴い
ても，「どういうことだろう」という疑問が消えません。しかし，この自
分と真逆のクライエントの話をどれだけ聴いても「わからない」となるこ
とこそが，「カウンセラー自身の体験を通してクライエントを理解しよう
としている」ことの証なのです。自分の体験とは違う体験をクライエント
はしているということを念頭に置いたうえで，自分の体験の奥底にあるク
ライエントとの共通部分を探ります。

　たとえば，私はマヨネーズが嫌いです。私の味覚や嗅覚の好み，マヨ
ネーズを食べた経験を通して，マヨネーズが好きな人の話をいくら聞いて
も，マヨネーズのおいしさは理解できません。私自身がマヨネーズ好きの
人を理解しようとするためにはどうしたらよいでしょうか。私はケチャッ
プは好きです。そのため，私のケチャップが好きだという感覚はどういっ
たものなのかを掘り下げて考えていきます。「何につけてもおいしい」「ケ
チャップがあるとテンションが上がる」「ケチャップの匂いは食欲をそそ
る」という感覚があります。ケチャップとマヨネーズは別物ですが，調味
料であるケチャップ（マヨネーズ）を好きと感じる感覚のなかでどこか共
通するところはあるはずです。そうすれば，ケチャップ好きとマヨネーズ
好きは「違う」ということを理解したうえで，共通しているところを感じ
あおうとすることができ，マヨネーズが好きな人の感覚を少しつかむこと
ができるでしょう。

（4）受容とは

　受容は，無条件的積極的関心といわれることもあります。つまり，受容
とは，クライエントが発している言葉を無条件に受け入れるということで

す。しかしそれはクライエントが語ったことを表面的に受け入れることではありません。共感ができていない状態で，受容をした風を装えば，いずれクライエントとの間に大きなひずみができ，取り返しがつかないことになるか，まったく何も話が進まない状態になるでしょう。共感と受容は常にセットであり，共感ができていないのに受容できることはありませんし，受容ができない状況は共感ができているとはいえません。

　たとえば，クライエントが「自分の子どもを叩きたくなる」と語ったとしましょう。これまでクライエントがどれほど子育てに苦労をしてきたのか，子どものことを大事に思っているのかなどもすべて聴いたうえで，この言葉を言われた場合，「そうなる気持ちはわかる」と共感できるところもあるでしょう。しかし一方で，「どんな理由であれ子どもは叩いてほしくない」という気持ちも出てくるでしょう。もしくは，子どもを叩きたくなる気持ちを受容してしまえば，子どもを叩くことが増えるかもしれないとカウンセラーの不安が高まるかもしれません。クライエントが語った気持ちや言葉を，無条件で受容するということは非常に難しいのです。河合隼雄（1970）は，「自分はカウンセラーとして，無条件的な積極的関心をねらいとしているけれど，目標にほど遠い人間だということを，まず認めることが大切だと思います」と述べています。

　カウンセラー自身が，クライエントと自分が完全にわかりあうことや，完全に無条件で受け入れたりすることはできないことを自覚したうえで，少しでもできるようになることを目指し続けることしかできないでしょう。カウンセリングは，クライエントと同時に自分自身と向き合い続ける作業なのです。

2. どうすることもできないと感じる事例

（1）事例の概要

　カウンセラーは精神科病院に勤務し，病棟に入院しているクライエントへのカウンセリングも行っています。クライエントの山本さんは40代の女性です。大学生のときに統合失調症を発症し，入退院を繰り返してきました。自宅に戻り，症状が悪化したときには，大きな声で泣き叫び，親に暴力をふるったり，テレビや家具などを壊したりすることもありました。警察が駆けつけ，そのまま入院になったこともありました。20代後半で山本さんが入院している間に，家族は夜逃げするかたちで転居し，以来孤立無援状態となり退院することもできなくなりました。

　40代になったころから病状は安定し，病棟レクリエーションにも積極的に参加する様子が見られます。主治医と精神保健福祉士から，退院についての話題も出るようになりましたが，山本さんは一貫して「退院はしたくない」と訴えています。そして，退院の話題が出ると，2, 3日不穏になるため，現在，退院の話は中断しています。主治医から「話を聞いてあげてほしい」とカウンセリングのオーダーが入り，カウンセラーは山本さんと会うことになりました。

　カウンセラーは定期的に山本さんのカウンセリングを行い，病棟での過ごし方やこれまでのこと，今の気持ちなどについて話を聴いていきました。山本さんは，苦労して合格した第一志望の大学に進学し，一人暮らしも始め，授業についていくために必死で勉強をしていましたが，次第に眠れなくなり，幻聴と妄想が出現し，授業に出席ができなくなったそうです。単位取得ができない状況となり，大学から連絡を受けた両親が一人暮らし先に訪問したところ，部屋中の窓やドアにガムテープが貼り巡らされ

ており，1週間以上お風呂に入らず，部屋はゴミだらけの状態でした。す
ぐに精神科病院を受診し，入院となりましたが，その後も病態は安定せ
ず，大学は中退せざるを得なかったそうです。入退院を繰り返していくう
ちに，友達とは疎遠になり，家族も自分に気を遣うようになり，気づいた
ときには「病院以外何もなくなっていた」といいます。「誰かとつきあっ
たことも，働いたこともないままこの年になって。結婚も就職も難しいだ
ろうし。家族にも捨てられて。頭も思うように動かない。こんな状態でや
りたいことを見つけろってほうが無茶だと思いませんか？　このままがい
いんです」と語る山本さんにカウンセラーはかける言葉を失いました。生
活保護を受給しており，病院にいれば衣食住は保障されています。毎回の
カウンセリングで，変わり映えのない日々の病棟での生活の様子や，失わ
れた家族や日常生活の話が繰り返され，「このままがいいんです」と繰り
返す山本さんに，カウンセラーは，カウンセリングを続ける意味はあるの
だろうかと感じ「自分には何もできない」と無力感に襲われています。

（2）事例の解説

　カウンセラーとして働いていると，過酷な体験を生き抜いている方々に
出会います。社会資源の活用など，できる限りのことに手を伸ばしてもな
お，過酷な状況やどうすることもできない状況が継続しているということ
もあるでしょう。カウンセリングでは，お金を与えることも食べ物を与え
ることも，仕事を与えることも，具体的な傷を治すこともできません。カ
ウンセラーは限られた時間のなかで，クライエントと向き合い，言語，非
言語でのコミュニケーションで支えることでしかできません。
　そして，そのときにカウンセラーができることは，徹底した受容・共感
だと思います。受容・共感によって，クライエントは痛みや傷つきを癒
し，苦しみの原因を根本から解決してもっと良い人生にしようという動き

が出たり，考え方がより柔軟になったり，自分のことをより受け入れられるようになったりします（古宮，2019）。

①クライエントとまったく同じ気持ちは体験できない

　山本さんの体験を共感していこうとする作業は決して簡単なものではないでしょう。カウンセラーが山本さんの体験と近しい体験をしている可能性が低いだけでなく，山本さんの体験を想像することも難しいでしょう。また，過酷な体験をしている方ほど，「わかってほしい」という気持ちと同時に「わかられたくない」という思いも強くあります。「わかられてたまるか」という思いに近いのかもしれません。「どうせわからない」というあきらめの気持ちもあるでしょう。まずはそうした気持ちに共感しようとしていくことが大切です。そして，カウンセラーのこころの奥底にある「わからないのではないか」という思いを隠さずに認め，その思いがクライエントの「わかられたくない」「どうせわからない」につながっている可能性があることを意識します。クライエントとつながっている部分があると気づくことが，共感への第一歩となるでしょう。

　「わかってほしい」気持ちと「わかられたくない」気持ちの両方がクライエントのなかにあるとき，カウンセラーのこころのなかにも「わかりたい」気持ちと「わからない」気持ちの両方があることでしょう。その両方の気持ちにカウンセラーは視点を揺らさなければなりません。どちらか一方の気持ちに焦点づけてしまえば，それは正直な気持ちではなくなってしまい，表面的な理解になってしまいます。

　そのため「わかりたい」気持ちで聞きながらも，「わからない」気持ちがあること，その両方の気持ちを，言語コミュニケーションと非言語コミュニケーションのすべてを使って表現しながら，またクライエントの「わかってほしい」気持ちと「わかられたくない」気持ちの両方の気持ちに視点を揺らしながら聴きます。

②共感と受容

　そして，山本さんの言葉１つひとつを，丁寧に掘り下げていきます。「誰ともつきあったことがない」「働いたこともない」という言葉に，山本さんのどのような思いや感覚が乗せられているのかを聴いていきます。「好きになった人はいたのですか？」「結婚を考えたことはありますか？」そうした質問が思い浮かぶかもしれません。そして，「そんなことを聴いてもよいのだろうか。聴くことで山本さんを傷つけてしまわないだろうか」という思いも同時に浮かぶでしょう。「聴いてよいのだろうか」とカウンセラーが思っているとき，クライエントもまた「聴かれたくない」という思いがあるでしょう。さまざまな思いをクライエントもカウンセラーも感じながら，またその感じている思いを表現しながら話題を出し，山本さんの人生に触れていくことは，山本さんに敬意を払いながら，体験を共有していくことになります。

　そして「このままがいいんです」という言葉を，山本さんの内的世界に起きる瞬間・瞬間の経験を，山本さんの見るまま感じるままをつかむことができたとき，カウンセラーはその言葉を，無条件に受容することができるでしょう。そしてようやく「このままがいいですね」と，本心から発することができるでしょう。そうなるまでに数年を要することもあるでしょう。そしてそれができたとき，初めてクライエントと同じ方向を向いて今後についての話ができるようになるように思います。この作業こそが，カウンセラーが行えるものだと思います。

（3）事例のまとめ

　カウンセラーが「どうすることもできない」と感じているとき，それはカウンセラーだけの思いではないはずです。そして，カウンセラーはクラ

イエントに対して「どうすることもできない」とあきらめてしまうことも
できますが，クライエントはクライエント自身の人生をあきらめたいと
思っていても，自分自身を手放すわけにはいきません。どうすることもで
きないなかで，自分というものとつきあっていかなければならないクライ
エントに対し，カウンセラーができることは，共にそこに居続ける覚悟を
することです。そして，共に居続けるためには，クライエントのなかにあ
るさまざまな体験，感情，感覚，思考などに目を向け，そしてカウンセ
ラー自身の体験，感覚，思考などにも目を向け，お互いの奥底でつながっ
ている部分を見つけ，つながろうとすることです。

　受容と共感は面接室の中だけで行われるものではないですが，相談の枠
組みや関係性について，明確な線引きがなければ，カウンセラー側は疲弊
してしまったり，冷静に自分のこころの状態を把握することができなく
なってしまったりするでしょう。受容と共感の難しさを知っていれば，安
易にクライエントをわかったつもりになることはないでしょうし，クライ
エントの生き方を尊重しながらかかわることができるはずです。

⇄ 「受容・共感」のまとめ

1 　クライエントが見るように見て，クライエントが感じるように感じられるように，これまで習得した技法を駆使してクライエントの話を聴きましょう。

2 　自分の体験を通してクライエントを理解しようとせず，クライエントの話を完全に共感できたり，無条件に受け入れたりすることは難しいことを認めたうえで，できるようになることを心がけましょう。

▶▶▶ この章を読み終えた後は

　自分が嫌いなものを「好き」と言っている人の話を丁寧に聞いてみましょう。相手の「好き」という感覚が少しでも「理解できた」と思えるところまで聞くようにしましょう。その次は，自分と同じものを「好き」と言っている人の話を丁寧に聞いてみましょう。自分の「好き」の感覚と共通しているところ，違うところがどこかを意識して，相手の「好き」の感覚を理解できるようにこころがけてみましょう。

文献

河合隼雄（1970）．カウンセリングの実際問題．誠信書房．

古宮昇（2019）．プロが教える共感的カウンセリングの面接術．誠信書房．

Rogers, C. R.（1961）. *On becoming a person*. Houghton Mifflin. 諸富祥彦・末武康弘・保坂亨（訳）（2005）．ロジャーズ主要著作集3　ロジャーズが語る自己実現の道．岩崎学術出版社．

8章

自己一致

1. 技法についての説明

（1）受容・共感・自己一致

　自己一致は，受容・共感と同時に説明されることが多いのですが，カウンセリング中のカウンセラーの姿勢の基本として重要なものとなるため，この本ではあえて独立して章立てを行います。受容・共感を行う際には，自己一致も同時に行われることはご理解ください。ロジャース，C.（Rogers, 1957）は，カウンセラーの基本的態度として，無条件的積極的関心，共感的理解，純粋性の3つをあげています。これが受容，共感，純粋性と言われることが多いのですが，純粋性の原文は genuine で，自己一致と訳されることもあります。

　これは，カウンセラーのこころのなかで思っていることと，クライエントに向けて発せられる言語・非言語表現が一致していることを指します。たとえば，7章で説明をした「自分の子どもを叩きたくなる」という保護者がいた場合に，カウンセラーが「子どもを叩いてほしくない」という思いを持ちながら「叩きたくなる気持ちもわかります」と答えた場合，カウンセラーのこころのなかで思っていることと，発言した内容は異なるため，自己一致できていないことになります。

　ではどうしたらよいのでしょうか。7章で説明をしたように，共感がで
きるところまで，クライエントの話をとにかく丁寧に傾聴します。そし
て，「子どもを叩きたくなる」と語る保護者の見るまま感じるままをとら
えることができたときに，「叩きたくなる気持ちもわかります」と発する
と，自己一致を伴った発言となります。
　しかし，これがいかに難しいかは，「受容・共感」を正しく理解できて
いるみなさんはわかるはずです。いくらクライエントの見るまま感じるま
まをとらえることができたとしても，まったく同じになることはできない
と説明しました。カウンセラーのなかには，カウンセラー自身の見え方，
感じ方が残るため，「子どもを叩いてほしくない」という思いが完全に消
えることはないでしょう。そうすると，自己一致を伴う受容・共感ができ
なくなるのです。河合隼雄（1970）は，カウンセラー自身がふらふらに
なって，カウンセラーのなかにある複数の気持ちを少しもごまかさずにこ
ころのなかで高まらせて迷いぬくことがカウンセラーだと述べています。
なんとも苦しい仕事だと感じますが，臨床実践を行っていると，非常に身
に染みる言葉です。

（2）自分のこころに開かれている

　自己一致をするためには，自分のこころに開かれている必要がありま
す。自分で自分のこころを見ることができるように開かれている必要があ
るということです。しかし，これも大変苦しいことです。日常生活を送る
のであれば，意識したことに意識を向け，感じたいことを感じていればよ
いのですが，カウンセリングのなかで自己一致をするためには，普段は意
識していない自分のこころの細部にまで目を向ける必要があります。クラ
イエントが語っている話を聴きながら，カウンセラーは，自分が何を思い
浮かべているのか，どのような感情が湧くのか，どのような態度で聴いて

いるのかなど，自分自身を注意深く観察します。そして，なぜそのような思いが浮かんだのか，なぜそのような感情が湧いたのか，なぜそのような態度をしたのかを考え，さらに自分のこころの奥に向かっていきます。

　具体的な例をあげて考えていきましょう。

　クライエント　親が私のうつ病を理解しようとしてくれません。こんなに辛いのに，「サボっているだけだ」と言われます。（しくしくと泣く）

　カウンセラーのこころのなか　確かにうつ病は辛い病気だ。だけど，家族など周囲の人からも理解がされにくく，怠けていると思われてしまうことでさらに辛くなる方も多い。このクライエントは，定期的に医療受診して服薬もきちんとしている。カウンセリングにも通って，なんとか回復したいという思いが強い。それなのに，「サボっているだけだ」だなんて，なんてひどいことを言う親だろう。

　このように，クライエントの話を聴きながら，カウンセラーはこころのなかで連想が膨らむはずです。しかし，こうして意識されている思いからさらに深く自分のこころを見ていく必要があります。

　カウンセラーのこころのなか　今，クライエントに対して，かなり同情的になっている。家族とは会って話したこともないのに「ひどいことを言う親」だと決めつけている。それはどうしてだろうか。私自身も親から厳しいことを言われて育ってきた。だから，親に対して批判的になりやすい傾向があるのだろう。クライエントは，親に対して「理解しようとしてくれない」とは言っているが，「ひどいことを言う親」だとは言っていない。これは私の理解だ。

　このように，カウンセラーのこころのなかを探索していきます。そうすると，一見，クライエントに共感しているように見えて，実は自分のこころのなかにあるもの（ひどい親）を，クライエントの気持ちだと誤解してしまっていることに気づくことができます。

8章 自己一致

　　カウンセラー　親がうつ病のことを理解してくれなくて辛いのですね。　感情の反映
　　クライエント　昔からそうなんです。私のことなんてわかろうともしてくれない。うつ病になってしまったのも，親のかかわり方が影響していると思います。（さらに泣く）
　　カウンセラーのこころのなか　うつ病を親のせいだとクライエントが発言したことで，一気にクライエントの気持ちに同情できなくなった。親がうつ病について理解していないことは辛いだろうという気持ちは残っているのに，泣いているクライエントから距離をとってみている自分がいる。これはどうしてだろう。さっきは，クライエントの辛い気持ちがわかると思っていたけど，今はその気持ちだけではない。この状態のまま声を発すると，あまり気持ちのこもっていない声色になりそうだ。

　このように，カウンセラーは，自身のなかにさまざまな感情や感覚，思考が流れていく様子を注視し，それらがなぜ起こるのかを検討します。そして，その感情や感覚，思考がカウンセラーの非言語コミュニケーションや発言にどのように影響しそうかも検討します。ここで難しいのは，「この状態で声を発すると気持ちがこもっていない声色になりそう」だと感じ，気持ちがこもっている風に装った声色で発言をすると，それはこころの状態と発言とが一致していないわけなので，自己一致していないことになるということです。

　ここで注意が必要なのは，だからといって，自己一致をするほうがカウンセリングにとってよいのだからと気持ちがこもっていない状態で発言をするとなると，今度はカウンセラーの「（クライエントに対して）そんなことをしたくない」という気持ちや，「うつ病についての理解がないことは辛いだろう」という気持ちは表現されないこととなり，やはり自己一致ではなくなってしまうということです。どちらをとっても自己一致にならないとは，一体どういうことなのでしょうか。

　人のなかには常に複数の感情や感覚，思考が流れており，それらを常にすべて一致させておくということは不可能だということが先述の困難さに深くかかわっています。そのため，単純に，これを言えば自己一致をしたことになる・ならないと考えるのではなく，自身のこころの細部にまで気を配り，それをできる限り表現できる言葉や非言語を備える必要があります。2章で扱った非言語コミュニケーションを丁寧に練習しておくことも役立つでしょう。

（3）カウンセラーのなかにある見たくないもの

　また，ときには見たくない自分の感情や思考に気づくこともあるでしょう。辛そうにしているクライエントを前にひどい言葉が浮かぶかもしれません。自分のなかに差別的な考えがあることに気づくかもしれません。思い出したくない過去の体験が引き出されてしまうこともあるでしょう。そうしたときには，考えていたことを忘れてしまったり，「そんなことを考えるはずはない」と否定したり，「これはさっきまで読んでいたニュースに影響されているだけだ」と合理化*したくなったりと，カウンセラー自身にも防衛が働く可能性があります。しかし，自分のこころに開かれた状

＊　防衛機制の一種。満たされなかった欲求や受け入れがたい感情に対して，もっともらしく理論化することで自分を納得させること。

態であれば，そうした感情や思考に対して批判的にならず，今の自分のこ
ころの状態を受け入れることができるはずです。そうすると，その感情や
思考が，目の前にいるクライエントの話を聞く際に，どのように影響して
いるかを考えることができ，自己一致するためにはどうしたらよいのかを
考えることができます。

　先に書いた「カウンセラーのこころのなか」は，5章で説明した，逆転
移だといってもよいでしょう。カウンセリング中にカウンセラーがクライ
エントとの関係において想起する感情や思考はすべて逆転移とされていま
す。第5章では，逆転移を吟味することがクライエントの感情を理解する
ために役立つということを説明しました。もちろんそれは，非常に重要な
ことですが，それだけでなく，クライエントとの関係性において何が展開
しているかを考えることにも役立ちます。

（4）転移

　クライエントとの関係性を理解するときに役立つのが，転移です。転移
という概念は，フロイト，S. が発見したもので（Freud, 1905），さまざま
な精神分析家によって定義づけられていますが，一般的には「クライエン
トが，過去に重要な他者（両親など）との間で生じさせた欲求，感情，葛
藤，対人関係パターンなどを，別の者（多くの場合は治療者）に対して向
ける非現実的態度」とされています。

　具体的に転移について説明すると，たとえば，クライエントが厳しい親
に対し，常に逆らわず従順な子ども時代を過ごしていたとします。する
と，指示を出す親とそれに従う子どもという関係性のパターンが成立しま
す。こうした場合往々にしてこのクライエントは，友達関係や恋人関係に
おいても「○○して」と指示を出され，それに従うという関係性が生じて
しまうことが知られています。これはクライエントと親の間で成立した関

係性のパターンが繰り返されていると考えられ，転移が起こっている状況といえます。同様のものがカウンセリング状況においても生起されます。そのクライエントと接していると，クライエントから指示を出してほしそうな雰囲気が感じられ，カウンセラーが思わず「こうしたら？」と指示を出したくなってしまう状況が起こります。これは，指示を出す親とそれに従う子どもの関係がカウンセラーとクライエントとの間でも展開し始めているといえます。

　転移は，カウンセラーが起こそうと思って起きるものではなく，クライエントが意識的に望んでいるものでもなく対人関係において自然と成立してくるものです。そして，転移関係が展開すると，カウンセラーには，転移関係上の感情や思考が生起される（すなわち逆転移が起こる）ようになります。先ほどの例でいくと，クライエントに対して指示を出したくなるというのは転移関係上の思考が生起され，クライエントの親に同一化しているといえるでしょう。逆転移を吟味することで，転移が展開しているかどうかを察知することができます。

　自己一致をするためには，自分自身のこころに開かれ，自分のこころのなかを探索する必要があります。そして，自分自身のこころを探索することで，逆転移の吟味を行うことができ，投影や転移など，クライエントとの関係によって展開しているものに気づき，それらを通してクライエントへの理解を深めることもできます。

　私はカウンセラーを「自分のこころを使って，クライエントのこころを理解する仕事」と説明するのが好きです。こころとこころが出会う場がカウンセリングであると感じています。祖父江（2022）は，カウンセラーがこころを使うことについて，「みずからの本性抜きにしては，生きたかかわりを持つことはできない」としながらも，カウンセラーがクライエントに本性丸出しでかかわるのではなく，「『技』が必要」だと述べています。自己一致が大切だからといって，カウンセラーが思っていることをすべて

口に出せばよいということでもなく，クライエントをじっくりと観察し，クライエントの語りに耳を傾け，クライエントにとって必要な介入を，必要なタイミングでカウンセラーは自己一致させながら行うのです。

2. クライエントに対してネガティブな感情が湧く事例

（1）事例の概要

　カウンセラーは地域若者サポートステーション（通称：サポステ）で勤務しています。ここでは，働くことに悩みを抱えている15〜49歳までの利用者を対象に，就労に向けた支援を行っています。

　クライエントの中村さんは中学生のときに友達関係がうまくいかず，不登校となり，通信制高校卒業後は自宅でひきこもり生活をしています。20歳のときに，父親の友人がやっている会社でアルバイトとして働き始めましたが，3日目にミスを注意され，勤務中にもかかわらず自宅に帰り，そのまま出勤することはありませんでした。

　20代半ばになるころ，兄からサポステに行ってみないかと勧められ，年の近いカウンセラーとの相談を開始しました。相談面接で，カウンセラーが普段の様子を聞くと，朝は好きな時間に起き，外出はほとんどなく1日の大半はオンラインゲームをして過ごしているとのことでした。睡眠状態や精神状態も安定しており，医学的な問題はなさそうです。仕事については「冷暖房が効いているところでの作業がいい」「1日4時間未満勤務希望」「細かい作業は無理」など，要件を多く語るため，カウンセラーは「自分の苦手なことがわかっていることは良いこと」と介入したうえで，好きなことを尋ねると「ゲーム」と答えました。そのためカウンセラーはゲームの話を中心に聞きながら関係を築き，中村さんのことについてもっと知ろうと試みました。中村さんは自身のことについてあまり多く

は語ろうとしませんでしたが，優秀な兄に対して強い劣等感を抱いていることや，幼少のころから対人関係が苦手だったことがわかりました。カウンセラーは，失敗することを極端に恐れるあまり，行動する前にやらない理由を見つけるのだろうとアセスメントし，中村さんのできていることに焦点づけた相談を続けました。

　しかし，中村さんはオンラインゲームの仲間に対して「能力が低い」など見下した発言をすることが多く，両親に対しても「子どもを養うのが親の義務」と我が物顔で生活している様子がうかがえます。カウンセラーはだんだん中村さんに対し，「いい加減にしろ」とうんざりした気持ちや怒りが湧き，優しく笑顔で接することが難しいと思うようになっています。そして，そのことについて同僚と話していくうちに，自分のなかに「親は大変だろう」と親の気持ちを考えたり，「仕事もしていないのに人を見下すなんて許せない」と中村さんを非難する考えがあることに気づきました。

（2）事例の解説

　カウンセラーはすべてのクライエントに対し，受容・共感をこころがけ，丁寧に傾聴を行います。しかし，カウンセラーも生身の人間ですので，個人の感情や価値観，思想などがあります。もちろん個人の感情や価値観，思想などを把握し，カウンセリングの邪魔をしないように，カウンセラーとしての訓練を積みますが，すべてを排除することはできません。

　そのため，ベテランのカウンセラーであっても，得意なクライエント，苦手なクライエントというのは存在します。ときにはクライエントに対して，ネガティブな感情を強く抱き，「共感したくない」とまで思うこともあるでしょう。また，初学者であれば，クライエントに対してそのようなことを思うなんて，カウンセラー失格だと感じるかもしれません。しか

し，それは人として当然起こりうることです。「共感したくない」と感じる自分のこころと向き合い，自己一致させながらクライエントと向き合う方法について考えていくことが大切です。

①カウンセラーが自分のこころに開かれている

カウンセラーは，中村さんに対し，うんざりした気持ちや怒りが湧いています。このときに，カウンセラーはその気持ちを正直に認めています。カウンセラーが自分のこころに開かれるためには，まず自分が感じている気持ちをそのまま認めることが必要です。そして，その感情がなぜ湧いているのかを内省し，親の気持ちを考えると，「仕事もしていないのに人を見下すなんて許せない」と中村さんを非難する考えがあることに気がつきます。事例はここで終わっていますが，ここからさらに，なぜ中村さんの親の気持ちを考えているのか，「仕事もしていないのに」という考えはどこからやってきているのかを検討する必要があります。

カウンセラーが考えるクライエントの親の気持ちは，カウンセラー自身の年齢や家族歴などによっても想像する内容が異なるでしょう。今回のカウンセラーは中村さんと年齢が近いため，自分と親との関係を重ね合わせたのかもしれません。中村さんの親くらいの年のカウンセラーや，子どもを持っているカウンセラーであれば「自分の子どもだったら」と想像するかもしれません。カウンセラーの自立心が高ければ，「親離れできていない」中村さんの気持ちを共有しにくいでしょう。こうして内省したことに対して，さらに考えを深めていきます。

たとえばカウンセラーが自身の親と自身との関係を重ね合わせ，自分のなかに「親に迷惑をかけたくない」という気持ちがあったことに気づくと，そうした自分の思考が中村さんの言動と対立していることがわかります。中村さんは「子どもを養うのが親の義務」と考えているのですが，「子どもを養う」ということについて，具体的にはどのように考えている

のかをもっと聴いていく必要があるでしょう。

　おそらくカウンセラーのなかにも「子どもを養うのが親の義務」という考えはあるでしょう。そこは中村さんと一致しているはずです。しかし，カウンセラーにとっての「子ども」と中村さんにとっての「子ども」が異なっているために共感が難しくなっているわけです。中村さんにとっての「子ども」が何を指しているのかを聴いていく必要があるでしょう。また中村さん自身が自分のことを「子どもである」と強く認識しているのであれば，「子どものままでいたい」中村さんがいることやその背景について聴いていくことになるでしょう。

　同様に，「仕事」ということについてカウンセラーはどのような価値観を持っているのでしょうか。「大人になったら当然すべきもの」「仕事をしている人は仕事をしていない人よりも優れている」というような思考があるかもしれませんし，「自分だって仕事をやりたくないときもあるけど，やるべき」という思いもあるのもしれません。そうしたカウンセラーの価値観が，中村さんの価値観とどこが違っていて，どこが共通しているのかを確認していきます。また，クライエントの家庭が働かなくても生涯の生活が保障されているほど裕福な家庭なのか，貧困家庭なのかによっても「仕事」についての考え方は異なるかもしれません。なぜそのような価値観が生じているのか，カウンセラーは自分自身の価値観について内省しつつ，中村さんの価値観が形成されていった経緯についても聞いていきます。

　このように詳細に聴いていく際に「ちょっとよくわからないのですが」や「ここがまだうまく理解できていないので」などと切り出し，カウンセラーの気持ちを率直に示しつつも，カウンセラーのなかにあるわずかな「わかりたい」気持ちも伝えることが大切です。

②逆転移から転移を理解する

　カウンセラーが自分自身の感情と向き合ったときに出てくる感情を，カウンセラー個人の感情か，それともクライエントとの関係性において生じている感情かを吟味します。たとえば，カウンセラーが「仕事もしていないのに」と怒りを感じる背景に，「仕事はすべきだ」というカウンセラーの価値観があり，働いていない中村さんに対して「許せない」という気持ちが湧くために腹が立つのかもしれません。もしくはカウンセラーのなかに「働きたくない」という気持ちもがあるかもしれません。そのため，働いていない状況を当然だと思い，好きに時間を使っている中村さんに対して「ズルイ」という感情が含まれ，それが怒りを生んでいる可能性もあるでしょう。それだけであれば，カウンセラーの個人的感情となります。

　一方で，仕事をしていないほかのクライエントに対しては「仕事をすべきだ」と思わないにもかかわらず，中村さんにだけ強くそう思うということであれば，それは中村さんとの関係性のなかで生じている感情の可能性が高くなります。その場合には，なぜほかのクライエントには「仕事をすべきだ」と思わないのに中村さんには思うのかを検討しなければなりません。こうした検討を行う際には，「そう思って当然だ」という思考は横に置くことが大事です。たとえば，「親に対して失礼な態度をとっているうえに仕事もしていないクライエントに仕事をするべきだと思って当然だ」とカウンセラーが思ったとしたら，それは本当に「当然」なのでしょうか。カウンセラーもクライエントも，思想や価値観には生理的，心理的，社会的な背景が含まれています。たとえば，今の日本では，多くの人が働いている（完全失業率が低い）という社会的背景なども「仕事はすべきだ」というカウンセラーの価値観に影響をしている可能性があるのです。社会や文化がいかに個人の価値観や感情，思想に影響を与えているかということも知っておく必要があるのですが，本書の趣旨からは少しずれるた

め，ここでは割愛します。関心がある方は，富樫（2021）の『当事者としての治療者』をお読みください。

　話を戻しまして，中村さんに対してほかのクライエントよりも「仕事をすべきだ」という考えが生じやすくなった理由を内省してみると，カウンセラーが中村さんの親の気持ちに同一化していることに気がつきました。このような場合ここで転移関係が発生している可能性が高いと考えます。そこでカウンセラーのなかにある怒りは，中村さんの親が息子（中村さん）に対して感じているものに似ているでしょう。中村さんは「子どもを養うのは親の義務」と考えており，自身を子どもとして扱ってほしい気持ちで親に接し，一方の親は「大人として仕事をしてほしい」と感じているために対立が生じているとも考えられます。この対立は，中村さんにとっては自分が当然だと思っていることを否定される体験であるため，中村さんはますます親に対して反発心が湧きます。親と同一化したカウンセラーが，中村さんに対して「大人として仕事をしてほしい」と感じ，そうしたメッセージを出し続けていれば，中村さんはカウンセラーに対しても反発し，対立関係になっていくでしょう。

　一方で，人を見下したり，バカにしたりする中村さんに対して，カウンセラーのうんざりした気持ちや，「いい加減にしろ」という気持ちは，中村さんの親と同じ気持ちになっているだけでなく，中村さん自身の感情をカウンセラーが受け取った可能性もあります。中村さん自身も，自分自身に対してうんざりし，「いい加減にしろ」とこころの奥底では感じている可能性もあるのです。そして，そのことを考えると苦痛が大きすぎるために人をバカにするような態度をとり，苦痛を見ないようにしているのかもしれません。

　このように逆転移や転移を理解することでカウンセラーのなかに生じている感情を理解することができ，自己一致を目指すことができると同時にクライエントへの理解も深まっていきます。そうするとクライエントを傷

つけるような態度や発言を避けることができ，クライエントを理解しよう
という言動が生起されます。

③事例のまとめ

　クライエントにネガティブな感情を多く抱くようになったとき，まずカ
ウンセラーは自分自身のこころと向かい合うようにしましょう。事例で示
したように，同僚や同業者に話すことで向かい合いやすくなるかもしれま
せんし，事例検討会やスーパーヴィジョンなどの場で向かい合うのもよい
でしょう。いずれも，カウンセラーが安心してこころに開かれる場を持っ
ておくことが重要です。もし，これを読んでいるみなさんが同僚や同業者
からクライエントについてのネガティブな感情を聞いた際には，その感情
の背景を丁寧に聴くようにしてください。

　そして今回登場したカウンセラーに共感できる人もいれば，そうではな
い人もいるでしょう。どのような感想を持ったとしても間違いではありま
せん。感情も思想も価値観も，人それぞれ異なるものであり，それは批評
されるべきではありません。カウンセラーに共感できた人は，なぜ共感で
きたのか，共感できなかった人は，なぜ共感できなかったのかを検討して
みてください。

　受容・共感と同様に自己一致も日常のなかで常に行おうとし続けると，
カウンセラーは疲弊してしまいます。上田（2023）は「私たちは時間が区
切られているからこそユーザーの語りを丹念にきくことができますし，場
所が定まっているからこそ余計な刺激を排して理解を進めることができま
す」と，治療構造や設定はカウンセラーのためのものであることを強調し
ていますが，カウンセリングにおいて，面接場所，時間，頻度などを一定
にするのは，クライエントとカウンセラー双方のこころを見やすくするた
めであり，カウンセラーがこころを使ってかかわり続けられるようにする
ためです。

　福祉や行政の現場では，クライエントの自宅やカウンセリングルームのない場所で面接を実施することもありますし，時間も明確に定められていないこともあるでしょう。そうしたときには，お互いのこころに開かれるということや，カウンセラーが自身のこころを冷静に見つめていく作業が難しくなることは心得ておいてください。そのうえで，そのような臨床現場では，面接開始前に「今日は○時に終わりますね」など時間を設定したり，クライエントには常に敬語で話したりするなど，カウンセラー自身が枠を作ることを意識してみてください。一定の枠組みを設定することで，カウンセラーもクライエントも守られていると感じ，その一定の枠組みのなかだけでお互いのこころを深く見つめる作業を安心して行うことができるようになります。

⇄　「自己一致」のまとめ

1　自己一致は，カウンセラーのこころのなかで思っていることと，クライエントに向けて発せられる言語・非言語メッセージが一致していることを指します。

2　自己一致をするためには，自分のこころに開かれている必要があります。

▶▶▶　この章を読み終えた後は

ネガティブな感情が湧いているクライエントについて，同僚や同業者に話をしてみて，なぜそのような感情になるのか，自分自身にどのような思想や価値観があるのかを検討してみましょう。

文献

Freud, S.（1905）. Fragment of an analysis of a case of hysteria. In *Standard Edition*, 7. Hogarth Press, 1955, p. 249–254. 金関猛（訳）（2006）. あるヒステリー分析の断片――ドーラの症例. 筑摩書房.

河合隼雄（1970）. カウンセリングの実際問題. 誠信書房.

Rogers, C. R.（1957）. The necessary and sufficient conditions of therapeutic personality change. *Journal of Consulting Psychology*. **21**（2）, 95–103. 伊東博訳（2001）. セラピーによるパーソナリティ変化の必要にして十分な条件. ロジャーズ選集（上）――カウンセラーなら一度は読んでおきたい厳選33論文. 誠信書房. p. 265–285.

祖父江典人（2022）. レクチュア こころを使う――日常臨床のための逆転移入門. 木立の文庫.

富樫公一（2021）. 当事者としての治療者――差別と支配への恐れと欲望. 岩崎学術出版社.

上田勝久（2023）. 個人心理療法再考. 金剛出版.

コラム 4

事例検討会の活用法

　カウンセラーが自身の実践について振り返る場として，「事例検討会」があります。事例提供者が自身の臨床実践についてまとめたものを発表し，それについて集まった同業者たちが，意見を言い合うというものです。自分自身が事例提供者になる場合には，発表のために事例を振り返り，まとめることで，自身の実践を振り返る機会や，同業者たちからさまざまな視点で意見をもらう機会となり，自分では気づかなかったことに気づいたり新たな知見を獲得することができます。参加者たちは，ほかの同業者の事例を聴くことで，客観的に事例を考える力を身につけたり，自分とは異なる視点での事例へのかかわり方を学んだりすることができます。

　事例検討会はある程度参加メンバーが固定され，発表した内容の守秘が守られる，攻撃的なことを言われないなど，安心できる環境のなかで行われることに意義があるでしょう。大御所の先生が助言をする事例検討会も有意義ですが，萎縮してしまって思ったことを自由に発言できなければ事例検討会の意義が半減してしまいます。そのため自分自身が「発表してみたい」「発言しやすい」と思える事例検討会を見つけること，もしくは自分自身が発案して作っていくことをおススメします。

　また，事例発表は，経過をまとめたものや逐語録を書面で発表することが一般的ですが，実際に実施したカウンセリング内容を，クライエントの

代役を立て，ロールプレイとして再現してディスカッションを行うものもあります。書面は，カウンセリングの記録が文字としてまとめられているため，思考しやすく，クライエントのこころの動きやカウンセラーとの関係性についても，冷静に検討することができることがメリットです。一方，書面では必要な情報のみが記載されているため，非言語コミュニケーションや細部のやりとりなどは省かれてしまっています。ロールプレイで再現された場合には，そうした書面にはあがってこないカウンセリングの様子を見ることができるため，おススメです。

　カウンセリングは密室で行われることが多いため，カウンセラーが事例について話す場を設けなければ，客観的な視点が失われてしまいます。まずは身近な人，3，4人に声をかけ，知った顔ぶれの人たちと少人数からでもいいので，事例検討を行うことに慣れましょう。そして，1回は発言することをこころがけ，自分の考えていること，感じていることを言葉にする訓練をしてください。さらに自身が事例提供者となり，参加者の方々と一緒に事例についてじっくりと考える時間を楽しめるようになってほしいと思います。

　事例提供者は，事例の記録を読み返し，要点をまとめなければならないため，準備から大変です。また事例検討の場では，ほかの参加者からの質問や意見に応答しなければならず，緊張したり，不安が高まったりもします。しかし，それら一連の作業を通して，その事例としっかり向き合うことができます。さらに，一度事例の経過をまとめておくと，事例から学んだことに意識を向けやすくなり，学会発表や学会誌への投稿がしやすくなります。

9章

指示・論理的帰結

1. 技法についての説明

（1）積極技法とは

　これまで説明をしてきた技法は，マイクロカウンセリングでは「かかわり技法」に分類されます。かかわり技法は，傾聴の基本といってもよいでしょう。8章までの技法を徹底することで，クライエントとの信頼関係を構築し，クライエントを深く理解することができます。これだけでクライエントに変容がもたらされ，主訴が解決することもあるでしょう。しかし，傾聴だけでは主訴の解決が難しいこともあります。そうしたときに用いるのが，これから先の章に出てくる技法であり，マイクロカウンセリングでは「積極技法」に分類されているものです。ここからの技法は，カウンセラーが能動的に発言をしたり，かかわりを行ったりする技法となります。そのため，カウンセラー自身が「介入している」という満足感を得やすいかもしれません。しかし，これまで各章で述べてきたように，カウンセリングの基本は，クライエントが自らのなかにある資源に気づき，自ら変容していくことです。カウンセラーはカウンセリングの場において黒子でなければなりません。カウンセラーが「私のおかげでクライエントは変われた」と感じるときは，カウンセリングが失敗している危険性が高いで

す。カウンセラーは，クライエントの生涯を助けることはできません。クライエントが「自分自身で解決できた」と感じることができたとき，クライエントはカウンセリングを終えた先も，自分の人生を生きやすくできるでしょう。そのため，必ず1章〜8章までをしっかりと習得し，クライエントの話を傾聴できるようになること，傾聴がクライエントの変容につながることを感じるようになることができてから，本章以降を読んでください。

　本章では，「指示」と「論理的帰結」について説明をします。「指示」はクライエントに対して具体的にすべき事柄を伝えること，「論理的帰結」はクライエントの行動に対して結果を予測して伝えることです。

（2）指示

　カウンセリングにおいて，カウンセラーは指示をしないと思っている方も多いかもしれませんが，アイビイ，A. E.（1985）は著書のなかで，「リサーチによると，カウンセラーの主導的行動の半分くらいは指示というかたちをとっている」と記述しています。たとえば，認知行動療法の臨床家は宿題を出しますし，精神分析的心理療法の臨床家は自由連想をするように言います。ほかにもゲシュタルト療法の臨床家は「ホット・シート」という技法を用いる際に「そこの椅子に母親が座っていると思って話しかけてみてください」と指示を出します。筋弛緩法，自立訓練，呼吸法などもすべて具体的に指示を出して，その方法を練習します。

　列挙するとわかりやすいですが，カウンセラーの行う「指示」は，カウンセリングを進めるうえでの指示であり，クライエントの変容を促進するためのものです。そのため，指示は，各心理療法の技法について精通し，クライエントの主訴や現状などを注意深く観察したうえで，「この指示を出すことがクライエントの変容を促進するために有効である」と判断した

場合に行います。決して，カウンセラー個人の価値観や思想に基づいてクライエントの人生に介入するものではありません。各心理療法の技法に精通するためには，長い時間と労力を要します。1つの心理療法を習得するだけで一生涯かかることもあるでしょう。しかし，各心理療法にはクライエントや主訴に対する適応があります。そのため1つの心理療法だけを極めても，臨床現場で出会うさまざまなクライエントや相談内容すべてに対応していくことは困難です。よって，いくつかの心理療法を学ぶ必要性が出てくるのですが，あれこれと手を出しても，どれも身につかなかったり，表面的な理解に留まり，効果的に活用することができないでしょう。

　そこで，まずは基礎心理学を一通り学んだ後，臨床心理学について偏りなく学ぶことを推奨します。この段階では，浅い知識でも大丈夫です。ひと通り学んだ後，自身が関心をもったもののなかから主軸とする心理療法を決定します。そして，その心理療法の中核的な専門書を数冊読み，学会やセミナーに参加し，スーパーヴィジョンを受けたり事例検討会に参加して自身の事例を振り返るといった訓練を2〜3年は継続することをおススメします。そして，その主軸となる心理療法の訓練を継続しつつ，ほかの心理療法についても学んでいきます。どの心理療法も根本的なところは共通しているため，1つの心理療法を主軸として学ぶことで，ほかの心理療法への理解も深めやすくなります。

　そしてどの心理療法も，クライエントに会う前から「この技法を用いよう」ということはしません。クライエントにお会いし，主訴を確認して，8章までの技法を用いながらクライエントをアセスメントしたうえで，カウンセラーが用いることができる心理療法が適応だと判断した際には，その技法を用います。これについては，上田（2023）が「心理療法をデザインする」という表現を用いて詳細に記しており，「どのユーザーにどの介入法を準備したほうがよいのかを適切にアセスメントできる人材育成」のためには，基礎教育の段階でさまざまな基礎理論を学ぶことが必要である

とし，クライエントに治療方針を明示して同意を得る「治療契約」を丁寧に行うことの重要性を述べています。

　心理療法の適応と判断した場合に，各心理療法に応じた指示をクライエントに出します。初学者のうちは，提案できる心理療法や技法が少ないため，対応できるクライエントには限界があります。その場合はどうしたらよいかというのは，「10章（3）情報提供」をご覧ください。

（3）論理的帰結

　論理的帰結は，クライエントが何か行動を起こしたり，決断したりする際に，その行動や決断の結果について，どのようなことが想定されるかをカウンセラーが伝えるというものです。転居や就職，離職，進学，退学，結婚，手術など，クライエントにとって大きな決断となるような場面に用いることが多いでしょう。

　論理的帰結を用いる際に，カウンセラーが一方的に結果の想定を伝えるということはしません。まずはクライエントが決断をしなければならない状況について，どの程度理解できているのかを，観察技法や非言語コミュニケーションの技法を用いて確認します。そのうえで，閉ざされた質問と開かれた質問を用いながら，クライエントがどのような結果を想定しているかを確認します。そして，クライエントが想定しきれていない結果があった場合に，カウンセラーがそのことを伝えます。

　カウンセラーに限らず，対人援助者において，クライエントが自らのことを自身で決める「自己決定」を尊重することは責務です。一般社団法人日本臨床心理士会倫理綱領では，他機関へのリファーラルやインフォームドコンセントを行う場合に「対象者の自己決定を尊重」すると書かれており，そのために「十分な説明」を行うことが繰り返し記載されています。つまり，クライエントが自らのことを自身で決定することを支援する過程

において，クライエントが事案についての情報を十分に知り，そのメリット・デメリットについても理解していることが重要といえるでしょう。これは 10 章で説明する情報提供にも通ずるものです。

　たとえば，高校を辞めたいと考えているクライエントがいる場面を用いて具体的に見ていきましょう。

> **クライエント**　授業は無駄。高校に行っている時間，プログラミングの勉強をしたほうが，人生の役に立つ。
>
> **カウンセラー**　高校の勉強よりもプログラミングの勉強のほうが人生の役に立つ。　要約
>
> **クライエント**　そう。プログラミングは大学に行かなくても，独学である程度学べるし，フリーランスとしても稼げるらしい。
>
> **カウンセラー**　プログラミングの学び方について調べているんですね。　いいかえ
>
> **クライエント**　まだ調べ始めたばかりだけど。でも，高校の授業よりもずっと面白い。
>
> **カウンセラー**　どのようなところが面白いんですか？　開かれた質問

　このやりとりは，クライエントが「高校を辞めたい」ということに対して，どの程度具体的に考えているのかを確認しています。このクライエントは，プログラミングに魅力を感じていて，授業よりもプログラミングを学ぶことに多くの時間を割きたいと考えています。このクライエントの「辞めたい」という気持ちに対して受容・共感・自己一致で対応するためには，プログラミングの魅力や学校の授業のつまらなさ，「稼げる」ということについてクライエントの見え方，感じ方を知るための傾聴を続けていきます。

　具体的なやりとりは省略しますが，カウンセラーが詳細を聴いていく

と，クライエントがよく見ている YouTuber が，プログラミングを始めることを推奨しており，クライエントは YouTuber が動画で話しているのを聞いているだけで，まだ実際にプログラミングの勉強は始めていないことがわかります。またクライエントは高校を辞めるメリットについて多く語っていますが，デメリットについては語っていません。そこで，カウンセラーはデメリットについて尋ねます。

> **カウンセラー**　今，高校を辞めることのメリットはプログラミングの勉強に多くの時間を割くことができるようになることですが，デメリットはありますか？　開かれた質問
>
> **クライエント**　それは高卒資格が取れなくなること。でもそんなのはプログラミングで食べていけるようになったら必要ない。
>
> **カウンセラー**　高卒資格が取れることのメリットはなんでしょう？
> 開かれた質問
>
> **クライエント**　うーん，大学に行けること？
>
> **カウンセラー**　大学に行くことのメリットはなんでしょう？
> 開かれた質問
>
> **クライエント**　大卒資格が取れることと，遊べること。
>
> **カウンセラー**　大卒資格が取れることのメリットはなんでしょう？
> 開かれた質問
>
> **クライエント**　就職がしやすくなるっていうけど。でも大学卒業しても，稼げる仕事に就ける人なんてわずかだし。
>
> **カウンセラー**　そのとおりだと思います。それと就職の職種の幅が広がるでしょうね。高校を辞めて，プログラミングに多くの時間を割くことで，プログラミングを習得できる可能性が高くなるというメリットと，プログラミングが合わないと思ったときに選択肢が狭くなるというデメリットがありそうですね。　論理的帰結

　実際にはもっと丁寧にクライエントの考えを聴いたうえで論理的帰結を行いますが，クライエントが理解していることについて明らかにしたうえで，足りていない部分に対して論理的帰結の介入をすることが伝わると思います。

　論理的帰結を行うと，カウンセラーに「批判された」「説教された」とクライエントが感じる可能性も高いため，用いる際には注意が必要です。そのようにクライエントが感じないために，カウンセラーは，決定権はクライエントにあり，それを尊重したいと思っていること，メリット・デメリットについて明らかにしてから自己決定をしたほうがよい理由についても説明し，柔らかい口調や表現，表情などをこころがける必要があります。また，カウンセラーの中にある「高校卒業」に対する価値観にも意識を向け，自己一致ができているかを内省します。そして何よりも，論理的帰結を行う前に，8章までの技法を用いて傾聴を行うなかで，クライエントとの信頼関係を築いておくことが大切です。

　ときにはクライエントが「批判された」「説教された」と感じる背景について，「あなたのなかに反対されるのではないかという不安もあるようです」など感情の反映を行ったり，「あなたが気づいていないことに言及されると批判されたと感じるようです」など意味の反映を行ったりすることもあるでしょう。

　論理的帰結はクライエントの自己決定を支援するための技法であることを忘れないようにしなければなりません。先の具体例では，デメリットについてカウンセラーが言及していますが，クライエントが気づいているメリットについての視点が少ない場合にも言及します。カウンセラーはクライエントが決断しようとしている選択に対して中立性を保ち，不足しているところを補うようこころがけます。

2. 「どうしたらいいですか」と繰り返す事例

（1）事例の概要

　カウンセラーは，就労移行支援事業所に勤務しています。障害を持っている方への就労訓練を行っており，定期的に利用者と面談を行います。利用者の小林さんは，軽度知的障害と自閉スペクトラム症の診断がついている女性です。特別支援学校を卒業後，事業所を利用し始めました。事業所では，部品の組み立てや梱包などの軽作業の練習を行いつつ，プログラムのなかで社会人マナーの習得にも取り組んでいます。

　利用開始1年が経過しますが，小林さんはほとんど休むことなく通うことができています。作業やプログラムにも意欲的に取り組み，挨拶などの基本的なマナーもきちんとできています。そのため，今後は事業所外実習を取り入れ，具体的に就職活動をしていく段階となります。小林さんは就職に向けてステップアップすることに喜びつつも，新しい段階にいくことに不安も感じているようです。そこで，カウンセラーは，小林さんと個別面談をすることにしました。

　面談を開始し，カウンセラーが今の心配ごとについて尋ねると，「来月，A社の実習に2週間行ってみないかと言われました。行くほうがいいのか，やめといたほうがいいのか，どうしたらいいですか？」と不安そうな様子です。カウンセラーが，実習に行くことを迷っている理由について尋ねると，小林さんは実習で失敗をしてしまうことが怖く，もし失敗してしまうと，会社の人や事業所に迷惑をかけてしまうと感じていることが語られました。どのような失敗を恐れているかを確認すると，A社では，オーダーされた部品を棚から取り出して揃える作業が主なため，部品の数え間違えや，取り違えが起こるのではないかという不安や，ほかの社員の人と

うまくコミュニケーションが取れないのではないかという不安があることがわかりました。小林さんは，答えるたびに，「どうしたらいいですか？」とカウンセラーに尋ねます。カウンセラーは，「どうするかを決めるために，一緒に1つずつ確認をしていきましょうね」と伝え，次の質問をします。カウンセラーは「今回，どうしてA社の実習を勧められたと思いますか？」と尋ねると，小林さんは，事業所を利用して1年が経ったこと，就職活動を始めるためにも，実習に行き，どのような仕事や会社が自分に合っているかを確認する必要があることを説明します。カウンセラーが「実習は就職活動をするうえで必要だと思っているのだけど，実習先で失敗してしまうことが不安で，行かないほうがよいのではという思いもあるんですね」と小林さんが語ったことを要約すると，小林さんは肯定します。「失敗することのデメリットはなんでしょう？」と尋ねると，小林さんは驚いた様子を見せ「失敗は悪いことです」と早口で答えます。カウンセラーが「失敗は悪いこと」と思う理由について尋ねると，小林さんは「悪いことです」「迷惑です」と繰り返します。カウンセラーが「失敗をするメリットはありますか？」と尋ねたところ，小林さんは怪訝な表情になり，首をかしげました。そこでカウンセラーは小林さんが過去に失敗したエピソードをとりあげ，失敗することのメリットを一緒に検討しないかと提案しました。

（2）事例の解説

　カウンセラーに対し，「どうしたらいいでしょうか？」と判断を委ねようとするクライエントは少なくないでしょう。医療機関を受診したほうがよいかどうかといったような，専門的な判断が必要な質問の場合には，具体的に回答します。これについては，10章を参照してください。そうではない場合には，事例のように，クライエントが決断をしかねる状況につ

いて，どのように認識し，理解しているのか，なぜ決断ができずにいるのかを明らかにしていきます。その作業を行う過程で，クライエントは自分自身のなかにある価値観や資源に気づくことができるようになります。

　小林さんの場合には，「失敗は悪いこと」と考えているために，「実習で失敗すること」をデメリットとして語っています。しかし，実習で失敗することで，その仕事が向いているかどうかを判断する基準になったり，実際の仕事で失敗したときの対処法について学ぶことができたりするでしょう。カウンセラーは真っ先に実習で失敗することのメリットを伝えたくなるかもしれません。しかし，「失敗は悪いこと」という小林さんの価値観をとりあげずに，「実習では失敗してもいいのですよ」と介入しても，小林さんにはピンとこず，それがメリットとして真に感じられることはないでしょう。カウンセラーが対応したように，まずはこの価値観に対して，認知行動療法やブリーフセラピーなど心理療法の技法を用いて介入することも検討することが必要です。

　小林さんが失敗することにはメリットもあることを頭で理解できたとしても，人の価値観はそう簡単に変わらないため，「失敗することは大事なのはわかったけど，やっぱり失敗したくない」と思い，実習に行かないデメリットについて理解したうえで，その決断をしたとしても，小林さんの自己決定を尊重し，「失敗しないためにどうしたらいいか」「実習に行かずにどうするか」を模索していくことになります。

①心理療法の選択

　先ほど，認知行動療法やブリーフセラピーを用いることがあると述べましたが，カウンセリングを実施する現場の特徴によっては，ほかにも適切な心理療法があるでしょう。就労移行支援事業所の場合には，事業所の利用期間すなわちカウンセラーにとっては相談を受ける期間に2年間という期限があること，就労という具体的な目標を達成するための事業所である

ことなどの特徴があります。そうすると，フォーカシングセラピーや精神分析的心理療法など，クライエントの内的世界をとり扱う心理療法よりも，ブリーフセラピーや認知行動療法など具体的な解決目標を話し合う解決志向の心理療法のほうが実施しやすいでしょう。問題行動が多かったり，行動観察する場面でのかかわりが多い現場では，応用行動分析など行動に着目する心理療法のほうが実施しやすいでしょう。心理療法において，カウンセリングを実施する環境をどのようにセッティングできる現場なのかということも非常に重要です。スクールカウンセリングや就労移行支援事業所などは，卒業までの期間や利用期限が定められています。そうした場では，有期限のなかでできる心理療法が主流となるでしょう。

　反対に，私設オフィスや医療機関では，利用期限がないため，長期的な対応を検討することができます。そのため，クライエントの主訴に応じて精神分析的心理療法や分析心理学といった力動的心理療法が選択肢にあがります。時間をかけて，クライエントの内省を深めることが長期的に見ると役に立つと判断した場合に導入します。

　電話相談や児童相談所などは，1，2回しかクライエントと話せないということもあるでしょう。継続的に行って効果を発揮するカウンセリングではなく，単回でできるカウンセリングを検討する必要があります。さらに，1回あたり設定できる時間，相談頻度，場所，料金も所属によってさまざまですし，何より所属機関の役割を果たすことも重要となります。

　就労移行支援事業所は「就労訓練」が所属機関の役割であるため，カウンセリングの目標設定に際して「就労よりも本人の内省が大事」とは言えません。もちろん就職に向けた自己理解は必要ですが，それも就職に関連することがメインになるでしょう。

　しかし，就労移行支援事業のような利用期限があり，具体的な目的がある場所においても，クライエントの内的世界を理解することは役に立ちます。認知行動療法を行いながらも，精神分析的な視点やフォーカシングセ

ラピーの視点を持ってクライエントとかかわることで介入できることもあるでしょう。どの心理療法を学んだとしても、「まったく役に立たない」ということはありません。それでも、上記に述べてきたように使いやすいかどうか、求められている役割を果たしやすいかどうかは異なると思いますので、カウンセラーは自身の興味関心だけでなく、自身が務める所属の機能や枠組みについて理解し、それに適した心理療法を学ぶことも必要です。

②論理的帰結

　小林さんに対応したカウンセラーは、事例の概要の時点では論理的帰結の介入を行っていません。小林さんのように「どうしたらいいでしょうか？」と尋ねられたからといって、すぐに「実習に行くメリットは○○で……」と説明をしたらよいということではありません。これまで繰り返し説明をしてきたように、カウンセリングはクライエントのなかにある資源を発見していく作業が第一になります。そのため、論理的帰結もカウンセラーが一方的に行うものではありません。クライエントが状況を広く理解し、メリットもデメリットも把握したうえで決定をしようとしているのであれば、カウンセラーはそこに介入する必要はありません。小林さんは、実習に行く経緯も理解し、実習に行くメリット・デメリットについても一定の理解ができており、それでも決断できない理由が失敗に対しての不安の高さでした。そのため、論理的帰結ではなく、失敗に対する不安を下げるための介入が先に必要という判断をカウンセラーはしています。

（3）事例のまとめ

　クライエントから「どうしたらいいでしょうか？」と尋ねられた際、カウンセラーが個人的意見を伝えたくなった場合には、それがどうしてなの

かを内省してください。困っているクライエントを助けたいのであれば，クライエントのなかにある資源を探す方法のほうが，カウンセラーの個人的意見を伝えるよりも役に立つことに気づくはずです。カウンセラーの個人的意見の方が役に立つと思うのであれば，それがどうしてかをさらに内省してください。本当にそれがクライエントの役に立つと判断した場合には伝えることもあるでしょう。カウンセラーの意見を伝えることについては10章を参照してください。しかし，もしクライエントをカウンセラーの意見に従わせたいという思いが少しでもあるのであれば，その思惑がどこからやってきているのかをしっかりと内省し，8章の逆転移や転移について理解を深め，その思惑をカウンセリングに役立つように活用してください。

　実習に行くかやめるかについて「どうしたらいいでしょうか？」と聞くクライエントの目の前のニーズにだけ焦点をあててしまうと，「そのニーズに応えたい」という気持ちに強く反応してしまいます。しかし，目の前のニーズにだけ応じて短絡的に回答を与えてしまえば，その背景にある「就職したい」「自立していきたい」といった広いニーズに応えることができなくなってしまいます。クライエントが自分のなかにある資源に気づき，自分で決定することができるようになることは「就職したい」「自立していきたい」といったニーズを達成することにつながるでしょう。

　カウンセラーは，表面的なその場の言葉だけにとらわれず，その背景にあるクライエントのこころを広くとらえることに専門性があります。

⇄ 「指示・論理的帰結」のまとめ

1 　主軸となる心理療法を見つけ，その心理療法の導入が適切だと判断した場合には「指示」を出して介入しましょう。

2 　論理的帰結による介入を行う際には，クライエントが決断をしなければならない状況について，どの程度理解できているのか，クライエントがどのように結果を想定しているかを確認し，クライエントが想定しきれていない結果があった場合に，カウンセラーがそのことを伝えましょう。

3 　論理的帰結はクライエントの自己決定を支援するための技法です。クライエントの内的資源を見つけることを優先しましょう。

▶▶▶ この章を読み終えた後は

　主軸となる心理療法をどれにするか，複数の心理療法について書かれている書籍を読み，「やってみたい」と感じた心理療法のセミナーに参加してみましょう。

　また，ケース記録を読み，大きな決断をしたクライエントについて振り返り，決断した内容のメリット・デメリットについて，個人的価値判断を交えずに列挙してみましょう。

文献

アイビイ，A. E.（著）福原真知子・椙山喜代子・國分久子・楡木満生（訳編）（1985）．マイクロカウンセリング "学ぶ－使う－教える" 技法の統合──その理論と実際．川島書店．
上田勝久（2023）．個人心理療法再考．金剛出版．

10章

助言・情報提供

1. 技法についての説明

（1）助言

　「カウンセラーは助言してはならない」こう教えられたカウンセラーも多いのではないでしょうか。カウンセラーの訓練を受けていなくとも「カウンセラーは助言しない」という言葉は広く知られているように思います。しかし，実際のカウンセリングでは，カウンセラーも必要なときには助言をします。それではなぜ，「カウンセラーは助言してはならない」と教えられるのでしょうか。それは，人は安易に助言をしてしまいたくなるからです。傾聴するよりも安易な助言をするほうがはるかに楽なのです。

　たとえば，夫の不満ばかりを言っているクライエントに対して「離婚したほうがいいですよ」と助言することは，解決を導き出しているように感じますし，難しいことを考える必要がないため，非常に楽です。「夫に不満があるのだから離婚すればいい」というのは理屈的にも非常にシンプルでわかりやすいですね。しかし，人間のこころは残念ながらそれほどシンプルには作られていません。実際に「離婚したほうがいいですよ」と助言した場合，多くは「離婚は難しい」という回答でしょう。理由はさまざまあると思います。本当は夫のことを好きだと感じていたり，一緒に居たい

と感じているところがある人もいるでしょうし，経済的なことや子どもの
こと，世間体を考えて離婚はしたくないと考えている人もいるでしょう。
近い将来の離婚を計画的に考え，今は離婚したくないと考えている人もい
るでしょう。ここではDVカップルに生じるこころの機序についての細か
な説明は行いませんが，夫から暴力を受けていたり，暴言を吐かれていた
りしても，離婚はできないという方もおられます。「夫に不満があるから
離婚」というシンプルな考えと決断になる人のほうが少ないのではないで
しょうか。そうすると，そのクライエントに必要な助言は何かをもっと考
えていかなければなりません。先にあげたような離婚しないさまざまな理
由によって，必要な助言は異なるでしょう。必要な助言は，クライエント
の言葉に表面的に反応するだけではなかなか見つかりません。たとえば
「経済的理由で離婚できない」と言われたとき，「じゃあまずは仕事を探し
てみたらいい」という助言が妥当なように感じますが，これもそんなに簡
単ではありません。その方の職歴，年齢，子育てや家事との両立，得意・
不得意，新しいことにチャレンジすることへのステップ等々によって，
「仕事を探す」という行為が合理的であったとしても，こころがすぐに仕
事を探すことに向かうとは限らないのです。そうすると，次には，クライ
エントの働くことや経済力に関する思いなども聞く必要があります。

　こうして書いていくと，クライエントに必要な助言をしようと思うと，
クライエントのことを理解し，クライエントが本当に求めているものは何
かということを知る必要があることがわかります。そうすると，9章の冒
頭に書いたように，8章までの技法を用いた傾聴を前提としなければ，助
言は功を奏さないことがわかるでしょう。そしてクライエントが言うこと
をただ聞いているだけでなく，クライエントを深く理解しようとしながら
傾聴することは非常に大変なことで技術がいることです。それはここまで
読み進めているみなさんであれば，十分に理解できることでしょう。人は
苦しい状況のときには，楽なほうに流されてしまいがちです。特に，話の

内容が進展しなかったり，クライエントが苦しい状況に置かれていたりする場合には，カウンセラーのなかに「役に立てていないのではないか」という恐怖に近い不安が掻き立てられます。有料でカウンセリングを行っていればなおのことでしょう。しかし，その不安はカウンセラーが自分自身のこころと向き合うことで解消すべきことで，不安から逃れるためにクライエントに対して安易な助言をしても，真に役に立つことはできません。

　クライエントを理解するための傾聴を行うよりも，安易な助言のほうがはるかに楽であるということを頭の片隅に置き，助言をしたくなったときには，「本当にこの助言はこの局面において重要なのだろうか」「助言をすることで自分が楽になりたいと考えていないだろうか」と自問してほしいのです。

　そしてもう一つ重要なことは，クライエントにとって必要な助言が明確でないことのほうが圧倒的に多いということです。夫の不満ばかり言っているクライエントの場合も，離婚という言葉が頭に浮かぶこともあれば，そんなことはできないと思うこともあり，日によって，もしくは時間によってその考えが入れ替わることもあるでしょう。そうすると，「離婚したほうがいいですよ」と助言することも，「離婚しない方法を考えたほうがいいですよ」と助言することも，どちらも相応しくないということになります。そして，カウンセラーが思いついている助言の多くは，すでにクライエントが思いついているでしょう。思いついているにもかかわらず，それがうまくいっていない状況なのですから，その助言をカウンセラーが伝えたとしても，クライエントは「すでにやっている」「そんなことはわかっている」と感じるのが関の山です。

　クライエントにとっての答えはクライエントのなかから見つけ出されることのほうが多いのです。そしてカウンセラーはそのお手伝いをすることが仕事です。一般の方のなかには「自分はうつ病の経験があるからうつ病の人のカウンセリングができるはずだ」ということを言う方や，「子育て

経験のない人は子育てで悩んでいる保護者のカウンセリングはできない」と思われたりする方がいます。それは,「自分の経験に基づいて助言すること（共感すること）が役に立つ」という発想から出てきているように思います。しかし，カウンセリングにおいて，自分の経験がそのままクライエントに役立つということは，ごくわずかでしょう。むしろ，自分自身の経験が邪魔をして，クライエントの視点で見ることが難しくなってしまうことのほうが圧倒的に多いのです。そのことを熟知しているカウンセラーは，初学者に指導をする際，「助言をしてはならない」と教えます。カウンセラーの経験は，7章で解説した受容・共感の際に役立ちます。では，カウンセラーが助言をするときというのはどういうときなのでしょうか。

（2）カウンセラーが助言するとき

「9章2.（2）事例の解説」で少し触れましたが，一番重要な助言は，専門職としての知識が必要なものです。専門的な知識はいくらクライエントの内面を探したとしても見つかりません。そのため，カウンセラーがその知識をクライエントに伝え，助言する必要が出てきます。「カウンセラーが傾聴ばかりで解決に導びいてくれなかった」という不満をクライエントから向けられる場合，多くはカウンセラーが傾聴の意義を誤って理解しているか，クライエントに必要な専門知識をカウンセラーが十分に有していないかのどちらかです。

　助言のなかで，一番用いられるのは「心理教育」でしょう。心理教育について伊藤と佐藤（2009）は，定義を「①精神障害やエイズなど受容しにくい問題を持つ人たちに（対象），②正しい知識や情報を心理面への十分な配慮をしながら伝え（方法1），③病気や障害の結果もたらされる諸問題・諸困難に対する対処方法を習得してもらうことによって（方法2），④主体的に療養生活を営めるよう援助する方法（目標）」としています。

心理教育にはたとえば，大切な方を亡くした方に対して，大切な方を亡くしたときに生じる心理的，身体的反応について説明し，どのような経過を辿るのかということを伝え，その時々に応じた対処方法を知ってもらうというものがあります。

　大切な方を亡くし，心理的反応や身体的反応に苦しんでいる方に対して，それらの反応がなぜ生じているのかをクライエントに考えてもらうのではなく，まずは，それが自然な反応であることを知ってもらい，反応に対する適切な対処方法を伝える必要があります。

　そのうえで，クライエントが「大切な人を亡くした」だけに留まらない苦しさを抱えているのであれば，それを解決するために傾聴や指示を行うでしょう。

　次に，ADHD の方がものをなくしてしまうのを減らしたいと相談に来られた場合について定義にあてはめて考えてみましょう。

> ① ADHD の診断がある方で，ものをなくしてしまうのを減らしたい方に（対象）
> ② ADHD という障害の正しい知識や情報を心理面への十分な配慮をしながら伝え（方法1）
> ③ ADHD という障害によってものをなくしてしまう機序について理解し，ものをなくすことへの対処方法を習得してもらうことによって（方法2）
> ④主体的にものをなくさないように（ものをなくしてもなんとかできるように）援助する（目標）

　具体的な対処方法については，クライエントがこれまで行ってきた方法を確認し，それがなぜうまくいかなかったのかを検証し，ほかの方法をクライエントが考えるのを助けるようにします。この心理教育の手順を飛ば

して，単に「置き場所を決める」と対処法を伝えるだけでは，その方法自体は間違っていなくとも，「面倒くさい」「難しい」などと感じて実行されずに終わるでしょう。なぜその方法が有効であるかをクライエントが理解をしたうえで，置き場所を検討することができれば，自身の行動原理に則った有効な置き場所をクライエントが考えつくことができます。②③を行うために①に対する専門的知識が必要です。

　対処方法には，心理療法の技法を用いることもありますので，その場合には心理教育と同時に指示を出すことになります。つまり，助言をするためには，カウンセラーは臨床の場で求められる専門的知識と専門的技術を身につけておく必要があります。必要な専門的知識は精神医学，認知心理学，発達心理学，神経心理学など，多岐にわたります。クライエントのニーズに沿った情報提供を行うためには，日々，自己研鑽を積み，知識を蓄え，必要なときに助言として使えるよう備えておきましょう。

（3）情報提供

　いくら自己研鑽を積んだとしても，一気にすべての知識が身につくわけではありませんし，カウンセラーでは対応できない技術が必要なことも生じるでしょう。担当カウンセラーの不足している知識・技術が，クライエントにとって必要な場合には，その知識を持ったカウンセラーに担当を交代したり，ほかの専門職や専門機関を紹介したりする必要があります。

　具体的には，発達障害のことについて詳しくないカウンセラーが発達障害児者の方の相談対応をしなければならなくなった場合には，正直にそのことを伝え，発達障害児者の相談に関する知識・技術を持ったカウンセラーを紹介します。また，スクールカウンセリングなど医療機関以外でかかわっているクライエントに診断や処方が必要だと判断した場合には，そのように判断した理由を説明し，医療機関を紹介します。ほかにも，行政

の各機関，各種福祉機関の役割や紹介が必要な場合を知っておくことが重要です。さらに，弁護士や，ソーシャルワーカー，言語聴覚士，作業療法士など，さまざまな専門職の専門性やどこの機関に誰が所属しているかなどの情報を持っておくと，必要なときにすぐクライエントに伝えることができます。専門職や専門機関だけでなく，自助グループや民間団体，ボランティア団体など，市民が活動している情報についても知っておくとよいでしょう。また，基本的な社会保障についての知識も持ち，社会資源につないでもらえる専門家や専門機関とつながっておくとよいでしょう。これについては拙著（浜内，2021；浜内，2022）などを参考にしてください。そして，カウンセラーは自身の知識・スキル向上のための自己研鑽だけでなく，自分自身の限界を見極め，必要なときに必要な人・機関につなぐための情報収集もしなければなりません。

　「仕事がなく，お金がなくて困っている」というクライエントに対して，どれだけ傾聴を試みたとしてもその状況が改善することはありません。災害時や貧困問題など衣食住が保障されていない状態では，カウンセリングよりも，命や生活の保障が優先されます。その場合には，ソーシャルワーカーや行政など必要な機関につなぐこと，そのことについてクライエントにわかりやすく説明することが重要となります。津川（2018）は，「「命」と「生活」の安全をチェックすることは対人援助者の責任である」とし，心理アセスメントを行ううえでの最優先事項としてあげています。具合的には，自殺の危険性，精神症状が早急に治療を要する状態かどうか，帰る家があるか，ライフラインは止まっていないか，食料を買うお金があるか，虐待されていないか，DV を受けていないかなどをあげています（津川，2018）。私はもう１つ，借金についても把握することが必要だと考えています。経済力は，「命」と「生活」に直結します。一見，問題なく生活が送れているように見えても，生活資金が借金で賄われていることもあります。また，最近では，若い世代が複数のクレジットカードでリボ払い

を行い，気づけば返済に追われているということもあります。こうした借金の背景には，知的や認知心理学的な問題が潜んでいることもあり，弁護士や消費者センターだけでなく，医療機関につなぐことが必要な場合もあります。さらに借金がある場合には，生活保護が受けられないため，自己破産などほかの手立てが優先されます。他機関につなごうとした際に抵抗が生じる背景に「実は借金がある」という可能性がありうることを頭の片隅においておくとよいでしょう。また，クライエントの経済状況に応じたカウンセリングの場や頻度を検討することが大切です。

　そして，必要な情報提供を行い，必要な専門機関や専門職を紹介した際，クライエントが新たなところに相談に行くことに抵抗を示した場合には，論理的帰結を用いながらクライエントの自己決定を尊重し，クライエントが新しいところにつながる決心がついたときに改めて紹介します。

2．日々の生活に困窮している事例

（1）事例の概要

　カウンセラーは，教育センターで勤務をしています。ここでは不登校や問題行動など，教育に関する困りごとの相談を無料で行っています。クライエントの加藤さんは，小学生と中学生の子どもがいる母親です。中学2年生の娘が，最近，学校に行けていないということで来所されました。

　加藤さんは化粧っ気がなく，年季を感じる服を着用し，疲労感が強い印象を受けました。そして3回ほど話を聴くなかで，次のことが明らかになりました。3年ほど前に夫が会社で大きなミスをし，降格処分を受け，それを機にお酒を多飲するようになったそうです。毎晩のようにお酒を飲み，酔い始めると加藤さんを怒鳴りつけたり，ときには手が出ることもあります。子どもたちには手はあげないものの，中学生の娘は，加藤さんを

かばって止めに入り，夫に強く怒鳴りつけられたり，ものを投げられたりすることもあるとのことでした。

　最近は，娘も夫につられてか，イライラしていることが多く，ものの扱いが粗雑になっていると感じています。また，加藤さんが作ったものをあまり食べなくなり，体重も落ちたように感じます。加藤さんが心配すると，「食べたくないだけ！」と不機嫌になるため，あまり強くは言えずにいます。1年ほど前から学校には徐々に行く頻度が落ち，外出する頻度が減り，最近では，お風呂にも1週間に1回入るかどうかで，部屋にこもっている時間が長いといいます。カウンセラーは，子どもの状態にかんするチェックリスト（DSM-ⅣとICD-11を参考にカウンセラーが自作）を提示し，加藤さんに1つひとつ確認した後，「診断とは異なりますが，このチェックリストの項目に書かれていることは子どものうつ病のサインを示すものです」と伝えました。加藤さんの表情は強張り，「あてはまるものが多いです」とつぶやきました。カウンセラーは，娘に医療的ケアが必要であることを伝え，近隣の児童精神科を提示し，予約方法について説明を行いました。「加藤さんからお聞きした娘さんの情報をまとめた書面を作成して，それをクリニックで見せていただくこともできますよ」と伝えると，「お願いします」と頭を下げました。

　「私のせいでしょうね……」と肩を落とす加藤さんに，カウンセラーは「今の状況はDVにあたると思います」とDVの説明が書いてあるパンフレットを提示し説明をしました。そして，これまでの加藤さんを労いつつ「加藤さん自身が安心して生活できる環境を作ることが，子どもさんたちも安心して生活することにつながります」と，DV家庭における子どもの心身の変化と回復方法についても説明し，DVについて専門的に相談できる男女参画センターを紹介しました。「事前に加藤さんのことをお伝えしてもいいでしょうか？」と，情報の共有について許可をとり，娘の学校のスクールカウンセラーに情報共有することも承諾を得ました。「娘さんに

は，登校のことを考える前に，こころが落ち着く方法を考えることが大事だとお伝えし，スクールカウンセラーのところで話を聞いてもらうこともできると話してみてください」と伝えました。

（2）事例の解説

カウンセラーにとって，クライエントが相談に来たとき，クライエントの主訴を確認し，主訴を解決するための方針を立てることは大事ですが，その前にクライエントの「命」や「生活」の安全が保障されているかどうかの確認をする必要があります。不登校ケースの場合，クライエント自身がしんどさを抱えていることもありますが，家庭環境や家庭背景，家族関係のしんどさを不登校という事象によって表現している場合もあります。特に児童にとっては，家族が児童の命と生活に直結するため，アセスメントでは特に丁寧な情報の聞き取りを行う必要があります。

①助言を行うタイミング

加藤さんの家庭は複数の問題が重なっています。まず夫から妻へのDVがあり，それを子どもが見聞きしている状況であることから児童虐待にあたります。そして夫はアルコール依存症の可能性，娘はうつ病の可能性があります。これらすべて，「命」や「生活」が危険にさらされている状況といえるでしょう。また，この状態は加藤さんにカウンセリングを行うだけで解決できる問題ではありません。ゆえにこれらは，娘の不登校という問題よりも前に解決されるべき問題となります。

しかし，加藤さんは娘の不登校を主訴に教育センターに来所しています。そのため，DVや児童虐待，アルコール依存，うつ病に関する心理教育を行い，適切な支援と治療につなげる必要があります。

そして，助言をする際に大切なことは，クライエントに助言を聞き入れ

られるだけの土壌が備わっているかということです。たとえば，発達障害の診断を受けた保護者が，まだ子どもが発達障害であることを受け入れられていない状態で，発達障害に関する心理教育を行っても，受け入れられないでしょう。心理教育を行うときには，その土壌を作ってから実施する必要があります。

　加藤さんの場合，複数の問題があるなかで，カウンセラーはまず「子どものうつ病」についての心理教育を試みています。加藤さんは娘の不登校のことで来所しているわけですから，子どものことを心配し，なんとかしたいという思いがあることがわかります。そして子どものうつ病は不登校の要因と十分なりうるため，加藤さんが一番受け入れやすいことであると判断したのでしょう。

　しかし，加藤さんは娘がうつ病である可能性が高いと気づくと，「私のせい」と自身を責め始めてしまいました。そこでカウンセラーはDVについての心理教育を行うことにしています。そして，加藤さん自身も被害者であり，心身への影響があることについて伝え，加藤さんの今後の生活についての助言を行っています。

　そのうえで，残り時間があり，加藤さんが受け入れられる状況だと判断した場合には，DVと児童虐待の関連について説明するでしょう。児童虐待はすぐに通告しなければならないことですので，加藤さんと話ができたかどうかにかかわらず，カウンセラーは所属長と通告についての相談もする必要があります。

②助言をする方法

　カウンセラーは加藤さんに心理教育を行う際，チェックリストやパンフレットを用いて説明をしています。クライエントが初めて聞く言葉や馴染みがない言葉を説明するとき，口頭説明だけでは十分に理解することが難しいでしょう。

今は書籍やインターネットにわかりやすく説明がまとめられているものも多くあります。また市役所や病院などのパンフレットが並んでいるコーナーには，クライエントに直接渡せるリーフレットやパンフレットが並んでいます。しかしインターネットで調べる場合には誤った情報も多いため，カウンセラーは正しい知識を持って内容を精査し，誤った情報が含まれたものを使用しないように気をつける必要があります。

カウンセラー自身が紙などに書きながら説明し，それをクライエントに渡すのもよいでしょう。クライエントの手元に残る方法で助言を行えば，そのときはすぐに受け入れられなかったり，理解ができていなくても，後で何度も見直すことで理解できたり，受け入れられたりすることもあります。

③情報提供

DV，児童虐待，アルコール依存症，うつ病はいずれも教育センターの機能だけでは対応が困難です。DV は，場合によっては弁護士や警察と協力し，保護命令を出してもらったり，シェルターへの避難をしたり，離婚の手続きを行ったりする必要があります。児童虐待は，家庭児童相談室か児童相談所に通告し，虐待かどうかの判断をしてもらい，場合によっては一時保護などの対応をとることになります。アルコール依存症やうつ病は，医療機関での治療が必要で，特にアルコール依存症は依存症を専門としている医療機関につなぐことが必要となるでしょう。

カウンセラーは，DV については男女参画センターを，娘のうつ病に関しては児童精神科とスクールカウンセリングを紹介しています。情報提供は「こういうところがあります」と伝えるだけでは不十分です。専門機関や医療機関を紹介されても，予約方法がわからない，どのように現状を説明したらよいかわからない，金銭面が不安など，さまざまな理由により紹介先につながらないということはよくあります。クライエントが新しい機関に行くことに，どのような不安や抵抗があるのかを確認し，できるだけ

それを除去する工夫が必要となります。

　今回，カウンセラーは児童精神科には情報をまとめた用紙を作成することを，男女参画センターには事前に連絡を入れることを提案しています。医療機関で適切な治療を受けるためには症状に関する正しい情報を伝えることが大切ですが，診断に必要な情報が何かよくわからないという方もいます。そうしたときに，情報をまとめた用紙をお渡しすることで，何を伝えたらよいかわからないという不安が下がり，受診への心理的ハードルを下げることができます。また，男女参画センターやスクールカウンセラーに対して行ったように，事前に情報共有をするという方法もあります。「知ってもらっている」という安心感から，相談につながりやすくなるでしょう。加藤さんが，男女参画センターやスクールカウンセラーにも「どのように相談したらいいかわからない」という不安を抱えている場合には，医療機関同様，情報をまとめた用紙を作成して渡すのもよいでしょう。こうした情報提供のやりとりは，必ずクライエントの許可をとって行います。

　ほかにも機関の場所を一緒に調べてアクセスを確認したり，予約方法を確認し，場合によってはその場で予約をとってもらったりすることもあります。関係機関先のことを知っていれば，どのような方がおられるかや中の様子をお伝えすることで，心理的なハードルが下がる方もいます。つながることが強制にならないように，クライエントのニーズを丁寧に確認しつつ，論理的帰結を行い，希望した場合には，クライエントがきちんとつながる方法をアセスメントして実行することも含めて情報提供を行うことが専門的な役割だといえます。

　男女参画センターに情報提供を行う際，夫のことを伝え，アルコール依存症についての心理教育や専門機関の紹介が可能かどうかを確認し，夫婦のことは男女参画センターが主で担ってもらえるかを話し合っておくとよいでしょう。スクールカウンセラーに情報提供を行う際には，虐待通告についても相談し，スクールソーシャルワーカーとの連携についても話し

合っておく必要があります。このように各機関の機能に合わせた役割分担を行います。関係者が集まるケース会議の場を設け，全員で方針や役割を確認するのも有効です。一度，顔を合わせておくとその後連絡がしやすくなります。そのうえで，教育センターが担う役割がないとなれば，一旦，カウンセリングを終えることになりますし，母親の子どもたちへのかかわりなどについての相談が継続して必要と判断すれば，教育センターで相談する内容を明確にして継続となるでしょう。

（3）事例のまとめ

　もし加藤さんに対して，傾聴や心理療法を試み，助言や情報提供を行っていなかったらどうなっていたでしょう。話をして気持ちを整理することで，少しは気分が楽になることはあるかもしれません。しかし，命や生活が脅かされた状態では本当に楽になることはないでしょう。各専門機関につないだとしてもすぐに生活状況が変わるわけではありません。ときには生活環境が変わることに抵抗を示す方もおられます。それでも，命や生活が守られる状況を構築するために具体的な支援を入れながら，生活が変わることへの思いについて丁寧にカウンセリングをすることが大切です。

　カウンセリングは，基本的に個人の変容を進めるための技法であり，他者や環境を変えるための技法ではありません。そのため，他者や環境に対して働きかけることを「カウンセラーの仕事ではない」と感じる方もいますが，クライエントは環境の中に存在しており，環境との相互作用によってこころの状態が変動します。こころを扱うとき，クライエントの周囲をとりまく他者や環境に無関心でいられるはずがないのです。カウンセラー自身が環境調整を行うことが難しい場合にも，環境に介入できる機関や専門職につなぐことが必要であり，つなぐことを巡るクライエントのこころを考え，きちんとつながるように行動することはカウンセラーの仕事です。

⇄ 「助言・情報提供」のまとめ

1 専門的知識が必要なときに助言をしましょう。

2 カウンセラーに不足している知識・技術が，クライエントにとって必要となった場合には，その知識を持ったカウンセラーに担当を交代したり，ほかの専門職や専門機関を紹介したりしましょう。

3 助言や情報提供をするためには，日々，自己研鑽を積んで専門的知識を身につけたり，周辺の専門機関や各専門職についての情報を集収しましょう。

▶▶▶ この章を読み終えた後は

現在関わっているクライエントが抱える問題に適したパンフレットやチラシ，チェックリストなどを各所から集め，ファイリングしましょう。また，近隣の医療機関や専門機関について情報をまとめ，ファイリングしましょう。

文献

浜内彩乃（2021）．発達障害に関わる人が知っておきたいサービスの基本と利用のしかた．ソシム．

浜内彩乃（2022）．精神科の受診や特徴までわかる発達障害・メンタル不調などに気づいたときに読む本．ソシム．

伊藤順一郎・佐藤さやか（2009）．心理教育を中心とした心理社会的援助プログラムガイドライン，精神保健研究，**22**(55)，47-50.

津川律子（2018）．面接技術としての心理アセスメント——臨床実践の根幹として．金剛出版．

11章

自己開示

1. 技法についての説明

（1）カウンセラーは自己開示しない

　カウンセリングはクライエントのことについて話し合う場であるということに誰も異論を唱えないでしょう。一方，カウンセリングの場でカウンセラーが自身のことを話すことについては，多くの議論がなされてきました。カウンセラーが自分自身についてクライエントに語ることを「自己開示」といいます。

　カウンセラーが自己開示をしないほうがよいという基本的な考え方には，精神分析の考え方が大きく影響しています。カウンセラーが自己開示を控え，何者であるかわからないという状況を作ることで，クライエントはカウンセラーに対してさまざまな空想をすることができます。カウンセラーは結婚をしているのではないだろうかとか，映画が好きそうだとか，苦労していそうだとか。そうしたクライエントが抱く空想はクライエントのこころを反映していると考えます。たとえば，カウンセラーに対して「子どもがいる」と空想するクライエントが，「カウンセラーは子どもがいるから，子どものいない私の気持ちなんてわからない」と訴えたとしましょう。実際にカウンセラーに子どもがいるかどうか一度も伝えたことが

ないにもかかわらず,「子どもがいる」と決め,だから「私の気持ちはわからない」と嘆くクライエントは,「私の気持ちは誰もわからない」という思いがこころのなかにあるからこそ,その気持ちを向けやすくするためにカウンセラーを「子どもがいる」人だと空想すると考えるのです。これが,カウンセラーに子どもがいないと打ち明けてしまうと,途端にクライエントは子どもがいない苦しさについて「私の気持ちは誰もわからない」と訴えることが難しくなってしまうでしょう。

　また,たとえばカウンセラーが重病を抱えているということや,親族を亡くしたばかりであるということなどを知ると,クライエントは自分の辛さや苦しさをカウンセラーに率直に向けにくくなってしまうでしょう。カウンセラーが自己開示を行うことは,クライエントが自分のことを思うままに語ることを阻害すると考えられるのです。

（2）自己開示の有用性

　一方で,カウンセラーの自己開示がカウンセリングに有効であるという研究も多くなされています。葛西と徳永（2003）は,カウンセラーが自己開示をすることによって,カウンセラーとクライエントのラポール形成に貢献する可能性があり,さらに発展して両者が良好な治療同盟を形成する可能性がありうること,またクライエントの自己開示が促進され,カウンセリングがより治療的なものになる可能性を期待できると述べています。また,アレン E. アイビイ（1985）は,「純粋で,タイムリーで,かつ,現在形で語られるとき」に自己開示は最も有効的になるとしています。

　自己開示をすることは,カウンセリングにおいて有効な側面と有害な側面があることがわかります。そのため葛西と徳永（2003）は,カウンセラーの自己開示についての先行研究をまとめ,「カウンセラーの自己開示は限界や危険性を意識したうえで注意深く行うこと,慎重に内容やタイミ

ングを選択して行うこと等が条件」であるとまとめました。

（3）自己開示の危険性

　自己開示の限界や危険性は，先に述べたように，自己開示をしすぎてし
まうと，クライエントが自身のことについて語りにくくなってしまうこと
と，バウンダリーが薄くなるリスクがあることです。バウンダリーとは自
分と他人の境界線のことを指します。バウンダリーにはさまざまな種類が
あります。たとえば自分の持ち物を他人が勝手に使うと不快に感じる人も
いるでしょう。これは自分の持ち物のバウンダリーを他者が侵したことへ
の不快感です。また，相手に頼まれていないのに，自分が「やってあげた
い」と手伝い，それに対して相手が感謝をしなかった際に，「やってあげ
たのに！」という気持ちになるのも，自分の気持ちが相手と同じであると
感じているからこそで，自分と相手の気持ちにバウンダリーが引けていな
い状況だといえます。

　たとえば，男性カウンセラーが女性クライエントに対して，自分の好み
の女性について話をしたとしたらどうでしょうか。話がどのような内容で
あっても，性的誘惑に感じられたり，距離をつめられたように感じる可能
性が高いのではないでしょうか。「一般的に男性は……」とカウンセラー
が語るのと，「僕は……」と語るのとでは，クライエントに伝わるニュア
ンスは大きく異なるでしょう。カウンセリングは基本的に密室で１対１の
環境で，クライエントのこころについてとり扱っていくため，性愛的な雰
囲気や怖さ，不気味さなどさまざまな感情を生起しやすく，バウンダリー
も薄くなりやすいです。不要な自己開示は，そうした感情を活性化させま
す。カウンセラーが自己開示をしなくても，クライエントのそうした感情
が活性化することはありますが，自己開示をしていない状況なのであれ
ば，クライエントのこころの状態がそこに現れているとして，とり扱うこ

とができます。

　具体的には，背の高い女性クライエントに対して男性カウンセラーが「僕は背の高い女性が好みだし，かっこいいと思う」と伝えたとしましょう。それは話の文脈上では，クライエントへの励ましかもしれません。しかし，女性クライエントが男性カウンセラーに対して好意的な気持ちを持っていた場合，それがさらに活性化され，先ほどの発言が「私を誘惑した」ように聞こえたとしたら，男性カウンセラーが「そんなつもりで言っていない」と反論したとしても，クライエントが誘惑されたということが，客観的に見て「そう思われたとしても仕方がない」事実となり，クライエントの内的体験として話し合うことが困難になります。しかし，反対に男性カウンセラーが女性の好みについて一切言及していないなかで，クライエントが「私を誘惑した」と発言したときには，そのような言動はしていないにもかかわらず，そのようにクライエントが感じたのはどうしてかということについて話し合いやすいでしょう（例：誘惑してほしいというクライエントのこころの状態が表現された）。

　自己開示は，思いついたらすぐにしたらよいということではなく，これまでのクライエントとの関係性や話の流れのなかで「有効だ」と臨床的判断を行った場合に，必要な内容のみ行うものです。また，カウンセラーのなかで，どこまでクライエントに自己開示をするかを決めておくと，バウンダリーを保ちやすくなります。バウンダリーをカウンセラー側がしっかりと保つことで，クライエント側のバウンダリーが薄くなり，カウンセラーに依存的になったり，退行的になったりしたとしても，カウンセラーとクライエントという関係性を壊すことなくカウンセリングを継続することができます。どこまで自己開示をするかは，カウンセラーの力量や性質によっても異なるでしょう。自己開示をした後，クライエント側のバウンダリーが薄くなることも想定したうえで，自分自身がクライエントに責任を持てる範囲が自己開示の範囲といえます。たとえば，クライエントが好

きな歌手をカウンセラーも好きだということを自己開示すれば，「今度一緒にコンサートに行きましょう」と誘われるかもしれません。そのときに，クライエントとの関係を保ちながらきちんと断ることができ，それがカウンセリングに悪影響にならないのであれば，そのカウンセラーはその歌手を好きだと自己開示しても問題ないでしょう。一方，誘いを断ることに労を要したり，カウンセラーがプライベートでコンサートに行く際にクライエントに声をかけられるのではと不安が生起したりするのであれば，その歌手を好きだと自己開示しないほうがよいでしょう。

　この「有効だ」という判断や「自分が責任を持てる範囲」の判断は非常に難しいです。そのため初学者の場合は特に自己開示を用いないほうが無難です。少なくとも，カウンセリング中にカウンセラー自身のことについて内省する習慣がつき，自己一致がどういうものかという感覚がつかめるようになるまでは，必要最低限の開示にするとよいでしょう。

（4）自己開示の種類

　これまでカウンセラーの自己開示について述べてきましたが，一口に自己開示といっても，さまざまなものがあります。Danish et al. (1980) は自己開示には2種類あるとしています。1つは，クライエントの話に対するカウンセラーの感情や反応を伝える開示で，たとえば，クライエントの話を聞いていてカウンセラーに辛い感情が沸き起こってきたときに「あなたの話を聞いていてとても辛い気持ちになりました」と，感じていることを率直に伝えるというものです。もう1つはカウンセラーの個人的な経験や体験を伝える開示で，たとえばクライエントが夫婦関係についての悩みを語っているクライエントに，「私も夫婦関係に悩んだ時期がありましたが，そのときに……」というものです。

　また狭義の意味では，2〜8章までに示してきた傾聴技法もカウンセ

ラーの自己開示になります。どのように視線を合わせるのか，相づちを打つのか，要約を行うのか等々，そこにはカウンセラーの思想や感情，価値観，判断などが含まれているため，同じ話を聴いていても，カウンセラーが異なればそれらの反応は異なります。カウンセラーの相づちの打ち方によって，クライエントが「この話にカウンセラーは関心を持っているようだ」と感じてさらに話をしようとしたり，「この言い方はやめておいたほうがよさそうだ」とカウンセラーの反応を見て表出を抑制するということはよくあることです。

　またカウンセリング中にカウンセラーがクライエントを褒めるということもあるでしょう。それ自体は問題ないのですが，褒めるということは一定の「評価」になるということも理解しておく必要があります。そして，それはカウンセラーの価値観に基づいた評価になることもあります。

　こうしたことから2～8章の技法を用いながら傾聴を行う際には，観察技法を用いて自分自身とクライエントを客観的に眺めながら，カウンセラー自身が発している言葉や非言語コミュニケーションがクライエントにどのように伝わるのか，またどのようなことを伝えようとしているのかを意識しておくことが大切になります。

　田中（2013）の研究によると，カウンセラーの感情や反応を伝える開示では，カウンセラーに対する好意感と専門性を高く評価させる効果があり，カウンセラーの個人的な経験や体験を開示することは，カウンセラーに対する好意感を高める効果と信頼感を抑制する効果があるという結果になっています。この結果は非常に重要なものであると考えます。基本的に，自己開示の技法を用いる場合には，カウンセラーの感情や反応を伝える方法を用い，カウンセラーの個人的体験を開示することは慎重になる必要があるということです。これはアイビイ（1985）のいう「純粋で，タイムリーで，かつ，現在形で語られる」ことが効果的であるということと一致しているでしょう。

　私が個人的体験を自己開示するときは，クライエントの障害や成育歴，年齢などから具体的なモデルを示したほうがよいと感じる場合です。たとえば，未体験のことに対する想像力が弱い特性を持っているクライエントが初めて一人暮らしをする際に，必要な準備や予算などがまったく想像つかなかった場合，一緒に調べて一般的な知識を提示すると同時に，私が一人暮らしをしたときに必要だったものや役にたったものなどを開示することがあります。

（5）無意図的な自己開示

　先に述べた自己開示はカウンセラーが意図的に感情や体験を伝えるというものですが，無意図的な自己開示もあるでしょう。たとえば，カウンセラーの見た目，話し方，表情などはカウンセリングを行う以上，開示しないということは，基本的にはできないでしょう。見た目で，性別やおおよその年齢を想定することはできるでしょうし，結婚指輪をはめているカウンセラーや妊娠中のカウンセラーも，花粉症でくしゃみが止まらない場合も，自身の情報を開示することになるでしょう。そのため，クライエントに会うときの服装や髪型など統制できるものはできる限り一定に保つというカウンセラーもいます。これもカウンセラー自身が責任をもてると思う範囲で調整するとよいでしょう。また，今の時代はインターネットでなんでも調べることができるので，カウンセラーの名前を検索エンジンにかけるクライエントも少なくありません。そうすると，カウンセラーによっては修士論文や学歴，所属先での活動，SNSのアカウントなどを見つけることができます。

　私設カウンセリングルームで働いているカウンセラーは，HPにカウンセラー紹介が掲載されている場合がほとんどでしょう。そうするとクライエントはカウンセラーに会う前に，カウンセラーの情報を知っていること

になるわけです。つまり，まったく自己開示をしないということは不可能であるということと，自己開示は意図的に行われるものとそうでないものとがあるということです。

インターネット上にカウンセラーの情報があがることの賛否は人それぞれだと思います。私は学術研究や所属先の活動など，カウンセリング業務に関連する情報があがることはやむを得ないと思いますが，個人的な趣味嗜好や思想が個人名と共にあがることは避けるべきだと考えています。それはクライエントがカウンセリングをよりクライエントのためだけに活用するための基本的なマナーだと考えているからです。

東畑（2021）は，SNSで発信する内容について一律の基準がないことを記したうえで，「私は目から下のことは書かないようになっていた。たとえば，いい匂いを嗅いだとか，おいしいものを食べたとか，肩が凝ったとか。（中略）結局，書いていいのは目から上のことだけになる。目で見たこと，頭で考えたこと。つまり，知的に処理されて，距離をとって語れること」はSNSで発信してもよいとしていると述べており，私もおおむね賛同します。

そしてカウンセラーは，自分自身について把握しておき，カウンセリングにおいて，カウンセラーの無意図的な自己開示がクライエントに影響を与えたと感じる場面があったときには，その意味について内省をしたり，クライエントと話し合ったりすることが大切です。髪を切ったとき，衣替えをしたとき，カウンセラー都合でキャンセルをしたとき，妊娠したときなど，カウンセラーに変化が生じるときには特に意識をしておくとよいでしょう。

2. 雑談ばかりしている事例

（1）事例の概要

　カウンセラーは男性で自分のオフィスを経営しています。そこに来所されている吉田さんは，カウンセラーよりも 10 歳ほど年上の 40 代男性です。吉田さんは，幼少のころより人とかかわることが苦手で，どの学校でも卒業後も続く友人関係は築けていません。吉田さんは小説が好きで，1人でもそれなりに楽しく過ごせますが，読んだ小説の感想を言い合える友人が居たらもっと楽しいだろうと感じることも度々ありました。

　大学卒業後，就職し，仕事は問題なくこなしていますが，人とのかかわりは希薄です。30 代中ごろまでは，SNS を通じて趣味が共通の人を探したり，イベントに出かけて人と話そうとしたこともありましたが，どれも疲労感のほうが強く，長続きしませんでした。女性との交際についても同様で，これまで正式におつきあいをした女性はいません。吉田さんは一人暮らしのため，仕事以外で人とのかかわりがなく，それでもよいという気持ちと，このままでよいのだろうかという気持ちが湧き，自分の気持ちを整理したいとカウンセリングに申し込みました。

　カウンセリングを行うなかで，吉田さんのなかに，これから先の人生ずっと 1 人で生きていくのは寂しいと感じる気持ちがありつつも，今から人との出会いの場に行くことについては億劫に感じる気持ちがあることが明らかになりました。カウンセラーは，人とのかかわり方についてカウンセリングのなかで検討し，実生活のなかで練習していく方法も提案しましたが，吉田さんは乗り気ではなく，「もういいかなという気持ちも大きい」とのことでした。あるカウンセリングの場面で，吉田さんが好きな小説の話になりました。その小説はカウンセラーも好きで，小説について知らな

いふりをするのは失礼だと感じ「僕も読みました」と伝えると，吉田さんの顔がパッと明るくなり，「どうでしたか？」と尋ねました。カウンセラーは答えを迷いながらも「僕はすごく好きです。特に主人公が初めて泣くシーンが……」と小説についての感想を伝えると，「そうなんですよ！」と吉田さんは小説について熱く語り始めました。カウンセラーも共感できることが多く，小説についての話で盛り上がって終わりました。それから，吉田さんはカウンセラーに「これは知っていますか？」と新しい小説について尋ね，カウンセラーが知らなければお勧めポイントについて説明をし，カウンセラーが知っているものであれば，そのことについてお互いの感想を話すようになりました。次第に，小説だけでなく結婚や昇進，健康のことなどについてもカウンセラーの考えを聞くことが増えていきました。吉田さんの質問は，どれも「ちょっと聞いてみたい」という雰囲気で，カウンセラーが回答に困ると「答えなくても大丈夫ですよ」とすぐに撤回します。カウンセラーが「どうして聞きたいと思ったのですか？」と尋ねると，「これまでこんな話をするような友人もいなかったので」と苦笑します。カウンセラーは，吉田さんにとって必要なことは，ちょっとしたことを聞いたり，好きな小説について感想を言い合ったりする場であると理解し，カウンセラーが自己開示できる範囲で答え，雑談をしているかのようなカウンセリングが続いています。

（2）事例の解説

　カウンセリングの時間，雑談が多くなり，傍から見ると「楽しそうにおしゃべりをしているだけ」ということもあるでしょう。このとき，友達と楽しくおしゃべりをしているのとは何が違うのでしょう。それは，受容・共感と自己一致，自己開示の質と量ではないかと考えます。友達と楽しくおしゃべりをするときにも，友達が話すことに「わかる」と共感すること

はあると思いますが，7章に書いた共感とは質が異なるでしょう。また，おしゃべりであれば友達が話す内容に対して，比較的自由に批判したり，意見を言ったりすることもあり，そのときに自己開示の内容や量を考えたり，自己一致について検討をしたりすることもないでしょう。カウンセリングでは，一見楽しそうなおしゃべりにおいても，友達と話すように気軽に言葉を返すのではなく，楽しみながらもクライエントの様子を観察し，クライエントの話に対してどのように応答するか自己一致を検討しながら，自身の感想を伝えます。また自己開示の範囲についても，目の前のクライエントに合わせて調整を行います。

　さらにカウンセリングでは，よほどのことがない限り，カウンセラーから関係を切ることはありませんし，次の予約をすることも自然に行えます。安定したつながりを作りやすい場であることも日常の対人関係とは異なります。

①自己開示の範囲

　吉田さんは，人とかかわることに億劫な気持ちと，人とかかわらないことが寂しいと思う気持ちとを抱えています。そして，今は人とかかわることを積極的にしたいという気持ちは薄いようです。一方で，カウンセリングには定期的に通っており，カウンセラーが吉田さんの好きな小説を知っていると知ったときの反応から，人とかかわり，興味関心があることを共有したいという気持ちはあるようです。こうした場合，カウンセリングの場がそのニーズを満たす場となることで，クライエントの生活が豊かになる可能性もありますし，クライエントがカウンセラーとかかわるなかで「もっとほかの人ともかかわってみたい」と欲求が増し，社交の場に出ていく可能性もあるでしょう。

　吉田さんは，少し年下の同性カウンセラーだからこそ，雑談を楽しめたところもあるのではないでしょうか。「話し相手が欲しい」「愚痴を聞いて

ほしい」という理由でカウンセリングを希望する方々もおられます。そんなことは友達や家族にしてもらえばよいという方もいるかもしれません。そう思えた方は，話し相手がいて，愚痴を言える環境を身近に持てているということであり，その場合にはカウンセリングを雑談の場として使う必要はありません。上田（2023）は，「本来的には友人関係や家族関係のなかで，こころの諸問題が解決できるならば，おそらくはそちらのほうが自然である」と述べており，東畑（2022）も，こころのケアについて「ふつうのつきあいがあり，ふつうに話が交わされて，それなりにお互いのことが理解されている。これがこころの健康にとって，究極的に重要なところ」と語っています。しかし，上田も東畑もさまざまな理由により「ふつうのつきあい」が困難な環境や社会があることにも触れています。雑談をカウンセリングの場でしかできない方々がいるということを私たちは忘れてはいけないのです。そしてそのときには本当に雑談をするのではなく，カウンセリングにおける雑談が必要だと私は感じています。

　吉田さんのように，友達を作りたいけどうまくいかない方もいます。そうしたときに，カウンセラーが友人や家族のように振る舞ってしまえば，吉田さんはカウンセリングにくると疲弊してしまうかもしれません。

　先に書いたように，一見楽しそうにおしゃべりしていても，カウンセラーはクライエントの様子に注力し，クライエントに合わせたかかわりをするわけですから，カウンセリングの場では安心して雑談をすることができます。そうした安全な場で人とおしゃべりできる機会は社会の場では少なく，カウンセリングが果たせる役割の一つといえるでしょう。そして雑談をしようと思うと，カウンセラーが自己開示する量を増やす必要があります。

②カウンセラーがどこまで自己開示するか

　カウンセラーが自己開示をどこまでするかを決める判断基準の一つに，

クライエント側のバウンダリーの強度があるでしょう。カウンセラーとクライエントという役割のバウンダリーがすぐに薄れてしまい，面接室の外で会うことや電話など面接以外でのコミュニケーションを求めること，面接する時間を大幅に延長することなどを求める可能性が高いクライエントであれば，カウンセラーが自己開示することで，よりカウンセラーとしての役割を保ちにくくなるでしょう。友達関係であれば，バウンダリーを越えてくる人が居た場合，距離を置いたり，関係を切ることもできますが，カウンセラーの場合はそういうわけにはいきません。クライエントがバウンダリーを超えることで，カウンセラーの不快さや耐えがたさが容量を超え，カウンセリングを継続できないということになることはクライエントにとって最も不幸な結果といえるでしょう。そうならないために，雑談の場においても，カウンセラーは関係を保つことができるバウンダリーを意識する必要があるのです。

　吉田さんのように，自己開示をしても，勧めた小説を読むことを強要せず，またカウンセラー側のさらなる自己開示を強要せず，あくまでカウンセリングという枠のなかでの交流を楽しもうとすることができる人であれば，カウンセラーの自己開示は有効に働くといえるでしょう。バウンダリーを保つことで，ときには，吉田さんが「もっとカウンセラーのことを知りたい」と思っているにもかかわらず，知りたい気持ちを表現していないと感じた場合には，感情の反映や意味の反映を行い，吉田さんが人と親しくなりにくい背景について話し合うこともできます。

　ほかには，クライエントの年齢やカウンセリングを実施している場所も自己開示をする範囲を決定する要因となります。クライエントの年齢が低ければ低いほど，バウンダリーは薄くなります。小学校低学年の子であれば，「誕生日会に来てね」などのお誘いをカウンセラーにすることも珍しくないでしょうし，プレイセラピーの最中にカウンセラーとの身体接触が起こることもあるでしょう。しかし，学年が上がっていくと，そうしたこ

11章

自己開示

とは減っていきます。それは成長と共に「自分」と「他者」の境界線が濃くなり，バウンダリーも保ちやすくなっていくためです。成人しているクライエントがバウンダリーを保てなくなってくると，退行状態だと判断し，カウンセラーはバウンダリーを保つことをより意識しなければなりません。

　そして私設カウンセリングルームのように，自費を支払って受けるカウンセリングの場合には，「お金を支払ってこの時間を確保している」という現実的な意識がクライエントに生じやすいため，バウンダリーは保ちやすくなります。一方，福祉事業所のように，レクリエーションで一緒に外出をしたり，食事をしたりと日中活動を共にする機会が多くあったりする現場，面接時間枠をきちんと設けることが難しい現場，クライエントの自宅でカウンセリングを行う現場では，カウンセリングと日常生活との境界があいまいになりやすいため，クライエントとカウンセラーの境界も薄くなりやすいでしょう。

③カウンセラーへの影響

　自己開示は，クライエントだけでなくカウンセラー側にも影響があります。自己開示をすることで，自分の領域を少し開くことになるため，クライエントとの距離が近くなるような印象を抱きます。そうしたときに，カウンセラー側は不快に感じたり，恐怖を感じてしまうことがあります。場合によっては必要以上にクライエントに対して親密な感情を抱くこともあるかもしれません。

　不快や恐怖を感じてしまうと，カウンセラーはクライエントに対して抵抗が働き，クライエントのこころに真摯に向き合えなくなったり，クライエントについて思考できなくなったりします。カウンセラーがこの状況に持ちこたえられなくなると，カウンセリングは中断となるでしょう。今回のカウンセラーが吉田さんに対して「話しすぎた」と感じることがあれ

ば，それは自己開示をしすぎてしまっている状態です。それに気づくと，「話さないでおこう」と不自然になったり，小説を勧められることに対しても不快な感情が湧いてしまうかもしれません。

　もしくは，吉田さんに対して「もっといろいろと話したい」という欲求が高まってしまうと，カウンセラーのほうから，カウンセラーとクライエントとの関係性を壊してしまうような発言（例：時間外で約束するなど）をしてしまうかもしれません。それは決してあってはならないことで，カウンセラーの資格剥奪にもつながりかねません。

　感情がプラスにでもマイナスにでも大きく働いたときには，カウンセラーはなぜそのような感情になっているかを内省し，必要に応じて自己一致を行いながらクライエントとそのことについて話し合うことも大切です。たとえば，不快や恐怖を感じたとき「思わずいろいろと話しすぎてしまったようで，距離が近すぎると感じています。吉田さんは今の距離をどのように感じていますか？」などと伝えます。カウンセラーとクライエントの距離が近くなることについて，クライエントの判断に任せても大丈夫だと感じれば論理的帰結での介入になるでしょうし，専門的な視点からカウンセラーが距離をとったほうがよいと判断した場合には，助言を行うでしょう。

④自己開示の際に気をつけること

　自己開示をする際に気をつけたいのは，話す主体はクライエントであることを忘れないことです。カウンセラーが吉田さんに小説の感想を伝える自己開示は，カウンセラーの個人的な経験の開示になります。特に「私がこの本を読んだときは家族との関係が……」など小説にまつわる体験を含んだり，長く話しすぎたり，吉田さんが話そうとすることを遮ったりしてしまうと信頼関係を抑制してしまうリスクが高くなります。また，吉田さんが紹介する小説について「面白そうですね」などカウンセラーの思いを

伝えることは，カウンセラーの感情や反応を伝える開示になるため，そちらを多く用いるように意識することも大切でしょう。

　また，雑談をしながらも，常にクライエントのこころの状態について考え，吉田さんが話す内容に沿って，感情の反映や意味の反映を行います。そうすることで，吉田さんにとっての雑談することの意味や，他者に求めていることなど，クライエントの真のニーズをとらえることができるでしょう。

（3）事例のまとめ

　吉田さんの事例では，カウンセラーが自ら自己開示することを選択しました。しかしなかにはクライエントからカウンセラーの自己開示を求めることもあるでしょう。その場合には，その理由を知ろうとすることが大切ですし，反対に自己開示をしたくないとカウンセラーが思ったときには，その理由を内省することも重要だと考えます。自己開示をするかしないかは，カウンセラーとクライエントとの関係において判断されるべきものです。学校で習ったから，本に書いてあったからということを自己開示しない理由とするのではなく，カウンセラーが自身とクライエントと向き合い，臨床的判断によって解決すべき問題です。

　ちなみに，心理療法について書かれている書籍のなかには，自己開示について「クライエントから聞かれたことには率直に答える」と書いてあるものを時々見かけます。しかし，それを鵜呑みにしてしまうのは非常に危険だと感じています。そもそも書籍を出版するほどの経歴を持ったカウンセラーと同じだけの力量や責任を持って自己開示ができる初学者カウンセラーはほとんどいないでしょう。そして実際にそれを書いているカウンセラーも，クライエントに開示していない情報のほうが多いはずです。ただ，私の経験上，優れたカウンセラーは，ふつうのつきあいに見せた専門

家としてのかかわりを純粋に行えると感じています。とても自然に自己開示し，雑談をしているのですが，友達や家族のようなふつうのつきあいとはやはりどこか違っているのです。それをどうしたらできるようになるかがわからない間は，私もまだまだ訓練が必要だと感じます。

　もしかしたら，これまで書いてきた傾聴技法がカウンセラー自身に馴染み，カウンセリングの場以外でも自然と使うようになってくれば，ふつうのつきあいでありつつも，専門的であることができるのかもしれません。

⇄　「自己開示」のまとめ

1　自己開示はカウンセリングに有効に働くこともあれば，有害になることもあります。

2　自己開示の技法を用いる場合には，カウンセラーの感情や反応を伝える方法を用い，カウンセラーの個人的体験を開示することには慎重になる必要があります。

3　カウンセラーの無意図的な自己開示がクライエントに影響を与えることを意識しておくようにしましょう。

▶▶▶　この章を読み終えた後は

　1章から順番に書いてきましたが，自己開示はこれまで書いてきたすべての技法とかかわっているということがわかっていただけたかと思います。ここまで読み進めてくださった方は，再度，1章まで戻り，自己開示を意識して2～10章を復習してください。

文献

アイビイ，A. E.（著）福原真知子・椙山喜代子・國分久子・楡木満生（訳編）（1985）．マイクロカウンセリング"学ぶ–使う–教える"技法の統合——その理論と実際．川島書店．

Danish, S. J., D'Augelli, A. R., & Hauer, A. L.（1980）．*Helping skills: A basic training program*. New York: Human Sciences Press.

葛西真記子・徳永啓牟（2003）．カウンセラーの「適切な自己開示」に関する研究——試行カウンセリングを通して．鳴門教育大学研究紀要（教育科学編），**18**，67–75.

田中健史朗（2013）．カウンセラーの自己開示内容がカウンセラーの印象評価に与える影響．カウンセリング研究，**46**，18–25.

東畑開人（2021）．余はいかにしてTwitterの実名アカウントとなりしか．心理臨床の広場，**14**(1)，30–31.

東畑開人（2022）．聞く技術——聞いてもらう技術．筑摩書房．

上田勝久（2023）．個人心理療法再考．金剛出版．

12章

対決

1. 技法についての説明

（1）「対決」について

　カウンセリングはどれほど実践経験を積んだとしても，悩みが尽きることはありません。しかし11章までのことが習得できれば，なんとか対応できるクライエントや相談事も増えているのではないでしょうか。そして，最後に提案する技法は，「対決」です。「直面化」といっても差し支えないと思いますが，ここでは「対決」で説明をしていきます。11章までは，クライエントが話すことやその背景について，カウンセラーが深く理解し，受容・共感する方法について伝えてきました。ここにきて「対決」という言葉が登場するのは，これまでのことと矛盾するように感じるかもしれません。「対決」について丁寧に説明をしていきます。

　対決は，クライエントの矛盾についてカウンセラーが発見することです。何度も繰り返していますが，人のこころは単純ではありません。複数の感情が同時に湧き起こります。11章に登場した吉田さんは，「これから先の人生ずっと1人で生きていくのは寂しいと感じる気持ちがありつつも，今から人との出会いの場に行くことについては億劫に感じる気持ちが大きい」と語っていました。この「1人で生きていくのは寂しい」という

気持ちと，「人との出会いの場に行くのは億劫」という気持ちは矛盾しています。こうした矛盾した気持ちは誰しもが抱えているのですが，矛盾していることに気づくことは，とても苦しいことなのです。

（2）誰しも複数の矛盾した気持ちがある

　たとえば，ある人のことを嫌いだとします。そうすると，連絡もとりたくないし，会うこともしないでしょう。そこには何の矛盾も葛藤も生じないため，悩む必要がありません。しかし，その人に良いところや好きなところもあったとしたらどうでしょう。嫌いだけど，好きなところもあるとなると，連絡が来たら返すかどうか悩むでしょうし，遊びに行くことを避けたいわけではないという状況になるでしょう。良いところや好きなところもあることに気づいたら，そんな良いところがある人を嫌っている自分が嫌な人間に思えてくるかもしれません。そうなると，苦しくなってしまうのです。ですので，矛盾して苦しい状況を回避するために，人はさまざまな方法を使ってこころを守ろうとします。

　嫌いな側面はなかったかのようにしたり，嫌いなところについて「私といるときにはしないから大丈夫」など理由づけを行ったり，嫌いな側面も「好きだ」と思い込もうとしたりなどです。こうした矛盾や葛藤を回避するための無意識的なこころの動きを防衛機制といいます。

　防衛機制は無意識的なものであるため，たとえば嫌いな側面をなかったかのように振る舞う人にとっては，そのように振る舞っているときは「嫌いな側面はない」ということが真実であり，決して嘘をついているわけではないのです。

　もう少し具体的に話をしてみましょう。恋人が疑問文の LINE メッセージをすぐに返してくれないと腹を立てて連続してメッセージを送る人がいたとします。しかしその方自身が LINE を送った後に忙しくなったときに

恋人から立て続けに複数のラインが届いたとします。そうすると「こっちは忙しいのに！」と腹を立てることもあるでしょう。すぐに LINE を返してほしいという気持ちと，忙しいときに立て続けに LINE を送らないでほしいという気持ちは矛盾しています。しかしそこにはその方なりの捉え方，見え方があって，その方にとってはどちらも真実であり，矛盾がない状態ということはありえるのです。おそらくこの方の捉え方としては，「自分が尋ねたことにはすぐに LINE を返してほしい。でも，自分がLINE をすぐに返さないということは忙しいということだと理解して，続けて送るようなことはしないでほしい」ということになるでしょう。自分が尋ねている LINE と，自分がすぐに返さない LINE は，その方にとっては別物だという理由づけがなされています。

　こうした場合，LINE がすぐに返ってこないときにも腹が立ち，LINE が立て続けにくるときにも腹が立つわけですから，腹が立つ機会が多くなります。また恋人に対しても，あるときには「すぐに LINE を返して！」と腹を立て，あるときには「LINE を送ってこないで！」と腹を立てることになります。そして，それぞれの理由は，その方からの視点のみの要求になります。そうすると，恋人との関係はうまくいきにくくなるでしょう。

　一人の人間のなかで，矛盾した感情や思いが浮かぶことは当たり前のことなのですが，矛盾していることに気づかずにいると，周囲は何を考えているのか理解ができず，本人は「わかってもらえない」と感じて周囲と行き違いが生じてしまいます。

　自分のなかの矛盾に気づくことは，選択肢が広がることになります。自分が尋ねた LINE にはすぐに返信をしてもらいたいという気持ちと，忙しいときには LINE を送ってこないでほしいという気持ちと両方があることに気づくことができれば，すぐに返信してもらいたい気持ちのときは，自分自身が忙しくないときであることに気づくことになります。そうする

と，怒りの根源は LINE を返してこない恋人ではなく，忙しいかどうかという自分自身の状態であることにも気づくことができます。恋人の行動に腹を立てていると感じれば，自分の怒りをなくす方法は恋人が変わるしかないと感じますが，自分自身の状態によって腹が立つという感情が湧いていることがわかれば，自分自身の状態をどうするか，自分で選択することができるようになります。

（3）クライエントの矛盾に気づくポイント

　カウンセリングのなかで，クライエントの矛盾に気づくポイントはいくつかあります。

　　発言の矛盾：クライエントの発言内容に矛盾があること。
　　例）お金よりもゆとりが欲しいと語っていたが，昇進してお金が欲しいと語る
　　言動の矛盾：クライエントの発言と行動に矛盾があること。
　　例）今の会社を辞めたいといいつつ，転職活動を一切しない
　　言語表現と非言語表現の矛盾：クライエントの言語表現と非言語表現に矛盾があること。
　　例）辛い状況を笑いながら語る
　　発言と状況の矛盾：クライエントが発言したことと，状況に矛盾があること。
　　例）業務量が多く，休日出勤や残業もあるなかで，「家事をもっと頑張ります」という
　　クライエントと他者の矛盾：クライエントが語ることと，他者が語ることに矛盾があること。
　　例）クライエントは仕事が忙しく家事をする余裕がないと語っている

　が，家族は家でゴロゴロしていることが多いと語る。

　矛盾に気づいた後，それを伝える作業が「対決」となります。対決は，クライエントにとって間違いや図星を指摘されたように感じることもあるでしょう。
　対決は，矛盾していることが悪いことだ，どちらが正解かをはっきりしてほしいということではまったくありません。対決を用いる際には，カウンセラーは非審判的態度であることが何よりも重要です。そのことをカウンセラーが十分に理解しておかなければなりませんし，クライエントにもそれが伝わるようにすることが大事です。

（4）カウンセラーの主体が現れる

　カウンセリングのなかで，クライエントへの共感・受容を徹底していくと，クライエントはカウンセラーにすべてを理解してもらえているような錯覚や，カウンセラーと一体であるという錯覚に陥ります。そうした錯覚が生じているなかで，カウンセラーから「対決」を用いられることは，クライエントにとって大きな衝撃となります。対決の技法が用いられると，クライエントが意識していなかった（もしくは意識したくなかった）矛盾をカウンセラーが指摘することになるため，クライエントはカウンセラーへの錯覚から一気に目を覚まさせられるような体験をすることになります。カウンセラーと一体ではなかったということに気づかされるのです。
　これは自己開示によっても起こる可能性があります。クライエントに対してカウンセラーが自分の意見を伝えるということは，クライエントとは異なる意見があるということの表明になります。
　このようにカウンセラーがクライエントとは異なる考えを示すことは，クライエントにとっては大きな衝撃となります。対決や自己開示の技法

は，カウンセラーがクライエントとは異なる意見を持った主体（他者）となって立ち現れる瞬間となります。これは，クライエントにとって衝撃でありつつも，クライエントが自分自身の主体を認識できる機会にもなります。自分とは違う考えや意見を持った他者がいるということを知って，クライエントは自分自身の主体を改めて認識できるのです。

　しかし，この作業は，一度カウンセラーとクライエントが一体であるという錯覚をした状態で行うことでより有効になるでしょう。現実社会のなかで，何かしらうまくいかないことが生じ，傷つき体験をしているクライエントにとって，まずは自分のすべてを理解してくれ受け入れてくれる存在があることが癒しになります。そして十分に癒しを享受した後に，再び他者の存在を意識し，自分の主体性を意識することで，クライエントは自立した一人の存在として再び社会に出ていくことができると考えます。

　カウンセリングが始まってすぐに対決を行うことは，クライエントを癒す間もなく，突き放してしまう行為になりかねません。

（5）「対決」への注意点

　対決の技法を用いるときに気をつけたいのは，カウンセラーがクライエントにネガティブな感情を抱いているときです。対決の技法は，クライエントの矛盾を指摘する作業になるため，クライエントの痛いところをつくということにもなります。たとえば，お金よりもゆとりが欲しいと面接の前半で語っていたクライエントが，話が進むなかで昇進してお金が欲しいという話をした場合，「先ほどはお金よりもゆとりが欲しいとおっしゃっていましたね」と伝えることが対決になるわけです。

　カウンセラーがクライエントに対してネガティブな感情を抱いているとき，クライエントの矛盾した言動などに対し，批判的に対応したくなる衝動が湧くでしょう。これに対し「これは技法だ」と正当化もしやすくなり

ます。しかし，対決は批判をするために行われるべきではなく，非審判的態度で，クライエントの中にある複数の思考や感情に焦点をあてる技法ということを忘れないようにしましょう。クライエントにネガティブな感情を抱いた場合には，8章の自己一致を参考にしつつ，ネガティブな感情を抱いているということを自己開示するかどうか検討することが必要でしょう。「対決」は，11章までで学んできたことを十分に理解してから用いなければ，カウンセリングにとって有益であるどころか，クライエントを傷つけてしまいかねません。

　また，カウンセラーがクライエントにポジティブな感情を抱いていたり，「クライエントの気持ちがよくわかる」と感じていたりするときにも注意が必要です。クライエントのことを「わかっているという錯覚」にカウンセラーが陥っている可能性もあるからです。7章で説明をしたように，人はそんな簡単に人のことをわからないはずなのですが，クライエントが語っている以上のことをわかっているように感じることがあります。これはカウンセラーとクライエントの同一化が進んでいる状態で，このままの状態が続くと，主体と主体が出会っておらず，クライエントの「なんでもわかってもらえる」という万能的な世界を維持することになり，なんでもわかってもらえない現実社会との距離があいてしまいます。この状態になっているかどうかに気づきやすいのが，事例検討会やスーパーヴィジョンなど自分の事例を他者に聞いてもらったときです。カウンセラーが「これはこういう意味で」とクライエントの思いを代弁した際，「どうしてそこまでくみ取れるのか」など意見を言われることで，クライエントと一体になっていることに気づくことができます。

　そして，「対決」はクライエントの前意識にあがっている矛盾をとりあげることが望ましいでしょう。矛盾についてとりあげた際，クライエントが「そんなこと言ってません」と矛盾していることを完全に否定することもあります。そうしたときに，カウンセラーが「確かに言いました」と押

12章

対決

し切る必要はないということです。そのときにはカウンセラーの記憶違い
だったかのように振る舞ってもよいでしょう。その矛盾はクライエントに
とってはまだ無意識の領域にあるのですから。数カ月後にクライエントが
「カウンセラーがあのときに言っていたのはこのことだったんですね」と
話してくることもあります。

　前意識にあるかどうかの判断をするために一番わかりやすいのは，「今
ここ」で生じていることをとりあげることです。たとえば，笑いながら辛
い出来事を語っている「今ここ」をとりあげ「あなたは今，辛い出来事を
笑いながら話されている」と伝えるのです。今まさにそのことが生じてい
るわけですから，クライエントも意識しやすいでしょう。そのことについ
て話し合いやすくなります。話が終わってしばらく経ってから「あのとき
あなたは辛い出来事を笑いながら話されていました」と言うこともまった
くないわけではありませんが，それは「辛いことを笑いながら話してしま
う」というほかの共通するエピソードが出てきたときになるでしょう。そ
して過去のことをとりあげることは，カウンセラーがそのエピソードを記
憶していたという自己開示になります。そのことが，クライエントにどの
ように影響するのかの検討が必要となります。

2. 来談のたびに話題が変わる事例

（1）事例の概要

　カウンセラーは行政が行っている無料相談が行える相談所に勤務してい
ます。クライエントの山田さんは50代の女性です。半年前に職場の対人
関係がうまくいかないことを主訴に来談しました。山田さんはこれまで，
子育てをはさみながら，職場を複数回変わっています。いずれも職場の対
人関係がうまくいかなかったからとのことです。働き始めは職場の人とも

それなりに雑談をしたり，食事に行ったりする関係になれるものの，山田さんが職場の方々の嫌なところを見つけてしまったり，仕事上で納得がいかないことが出てきてしまい，それが態度や顔に出てしまうことで，徐々に人が離れていき，職場に行くのが気まずくなってしまうということです。今の職場も，1年ほど前から働き始め，来所されたころより，職場の人の嫌なところが気になり始めました。子どもが大学を卒業するまでの2年は経済的理由により仕事は続けたいと思っており，年齢的にもこれ以上転職はしたくないと考え，相談にきたということです。

　まずは，話したいことがたくさんあるので聴いてほしいという要望に応えるため，山田さんとは隔週でお会いすることにし，話したいことを聴くなかで，仕事を続けやすくする方法を検討することにしました。面接が開始されると，「この2週間は……」と前回の面接から2週間の間にあった出来事について話を始めます。同僚の嫌なところを見つけたエピソード，職場のお客さんに腹が立ったエピソード，出先で起こった出来事など，毎回，さまざまなことが語られます。エピソードの共通点は，山田さんが思い描いていることと異なる態度を相手がとることに対して「理解ができない」と腹を立てるということのようでした。そのことをカウンセラーが伝えると，肯定しつつも「人それぞれ考え方は違うと思ってます。でも，人に迷惑がかかるのはダメだと思うんです」と付け足します。

　その後のカウンセリングのなかで，山田さんは同僚が仕事でミスをしたことについて語り「努力しているのはわかるんです。でも私が事前に説明をしていて。ミスをしたときにもすぐにフォローに入って。これ以上どうしたらいいんでしょうね」とあきらめ混じりに笑いました。カウンセラーは「同僚の方を理解しようとする気持ちと，同僚の行動を理解ができないという気持ちとがあるんですね」と伝えると，山田さんは肯定し，「きっと私とは考え方が違うのでしょうが，あまりにも違いすぎるので，どう理解したらいいかまったくわかりません」と答えます。そして，「ほかに

……」と別の話に移っていきます。カウンセラーは「仕事を続けたいと思っているのに，解決に向けた話が全然できていない。そのことを伝えたほうがいいのだろうか……」と悩みつつも，クライエントの「話を聴いてほしい」という思いに沿って話を聴いています。

（2）事例の解説

　さまざまな話がなされ，1つひとつの出来事について話し合うことが難しいクライエントに対しては，クライエントが話すことをまずはしっかり聴き，一見異なるエピソードの背景にある共通したところを探すという方法があります。また，「意味の反映」を行おうと思えば，具体的なエピソードが語られた後に，「その後，どうされたんですか？（行動を確認）」など，行動，思考，感情，意味のうち語られていない側面について尋ねることもあるでしょう。もしくは，「日々たくさんのことが起こっていて，どのことから目を向けたらいいのか難しいと感じています」とカウンセラーが山田さんの話を聞いて感じたことを自己開示するのもよいでしょう。

　①矛盾しているところ
山田さんの矛盾しているところはどこでしょうか。

　発言の矛盾：仕事を続けるための方法を探したいという主訴に対して話したいことがたくさんあるので聞いてほしいという要望は，主訴の解決を促進しません。
　「人それぞれ考え方は違っていると思ってます」と「あまりにも違いすぎるので，どう理解したらいいかまったくわかりません」という2つの発言は，考えの違いを受容するという態度と，自分の考えと異なる考えに対する不寛容な態度の矛盾を示しています。

言語表現と非言語表現の矛盾：「これ以上どうしたらいいのでしょうね」と言葉では解決策を求める表現をしていますが，非言語では「あきらめ混じりの笑い」で，解決をあきらめる表現をしています。

　事例の概要からはっきり読み取れるのは上記の3つになります。このうち，「今ここ」で生じているのは，言語表現と非言語表現の矛盾と，人それぞれの考えを巡る発言の矛盾です。カウンセラーは最初に出てきた言語表現と非言語表現の矛盾に焦点をあて，対決を用いています。その結果，出てきた「あまりにも違いすぎるので，どう理解したらいいかまったくわかりません」という発言は，「人それぞれ考え方は違っている」ことを理解しているように語っていた山田さんと矛盾しています。そこで，山田さんが語る「人に迷惑をかける」という行為はどのようなことを指すのか，「人それぞれ違う考え方」とは具体的にどのような考え方があると想像しているのかなども丁寧に聞いていくことで，各エピソードに共通する山田さんの思考や意味づけしやすいものに気づくかもしれません。そうすると，語られている言葉と矛盾点が生じていることに気づくこともあるでしょう。しかし，今回は，話が別のことに移っていったため，介入をしていません。

　別の話が始まったところで「ちょっと待ってください」とカウンセラーが話を止め，「仕事の話を続けるための方法を探したいとおっしゃっていました。そのためには今のところを話し合うことが大事だと思うのですが」とカウンセラーが専門的な視点を持って「ここは話し合ったほうがよい」と助言することも1つでしょう。

②葛藤は五分五分ではない

　「対決」を行う際に，大切にしたいことは，複数の気持ちが同時に生じているとき，それぞれの気持ちが常に五分五分ではないということです。

「山田さんの同僚の方を理解しようとする気持ち」と「同僚の行動を理解ができないという気持ち」は，どちらも山田さんの中にある気持ちですが，五分五分とは限りません。理解しようとする気持ちが３割で，理解ができないという気持ちが７割かもしれません。カウンセラーと話し合うことで，理解ができない気持ちが少し減り，理解しようとする気持ちが４割で，理解ができないという気持ちが６割になるかもしれません。もしくは，時々によって理解しようとする気持ちと理解ができない気持ちとの割合が変動することに気づくかもしれません。一見，変わっていないように見えても，矛盾している気持ちがそれぞれどれくらいの大きさなのかを自覚し，矛盾している気持ちの割合が変わるということに気づくことができれば，「どうすることもできない」という感覚が緩むでしょう。また，どちらかを10割にして，どちらかを完全になくしてしまうということを目指すとなればハードルがあがりますが，１割変動させるだけという視点が入ることで，「それくらいだったらできるかも」と感じることができるでしょう。

　矛盾したものが表現されたとき，カウンセラーがそれらを言語化し，それぞれの割合を尋ねてみることで，カウンセラー自身もクライエントの内面への理解が進みます。また「今その割合であることをどう思いますか？」と尋ねることで，クライエントがどのような状態になることを望んでいるかが共有しやすくなります。

③２つの主訴のとり扱い

　次は「仕事を続けるための方法を探したいという主訴」と「話したいことがたくさんあるので聞いてほしいという要望」の矛盾について考えてみましょう。２つの主訴があり，それらが両立しにくい場合，「このまま話したいことをたくさん話すことで山田さんの普段溜め込んでいる不満を吐き出すことができ，一時的にはすっきりすることができるでしょう。でも

一方で，それは一時的な解決で，仕事を続けるための根本的な解決には向かいにくいと思います」など，カウンセラーは論理的帰結を用いて説明し，クライエントが正しい情報を持ってどちらの主訴を優先するか選択できるようにします。矛盾が生じているとき，それが知識の不足による矛盾なのであれば，論理的帰結や情報提供，助言といった方法で対応します。

　今回のカウンセラーは「仕事を続けたいと思っているのに，解決に向けた話が全然できていない。そのことを伝えたほうがよいのだろうか……」と悩んでいます。この悩みが，事前に主訴に対するカウンセリングの方法について論理的帰結を用いてきちんと話し合った結果であるのか，それともそうした話し合いができていないなかで生じているのかによって対応は異なります。きちんと話し合った結果，クライエントが「解決よりも話を聴いてほしい」と選択しているのであれば，クライエントが選択したことに対してなぜカウンセラーが悩んでいるのかを検討する必要があるでしょう。しかし，もし話し合いができていない状況でカウンセリングが進んでいるのであれば，一度，主訴と方針について説明し，確認する時間を設けたほうがよいでしょう。

（3）事例のまとめ

　カウンセリングを行う際，そこに現れるクライエントのこころを理解する方法として，クライエントが語っている内容から理解しようとする方法と，クライエントの語り方から理解しようとする方法があります。これまで本書の事例で書いてきたことの多くは，クライエントが語っている内容から理解しようとする方法です。山田さんについての解説も，山田さんが語っている内容から山田さんのことを理解しようと試みています。しかし，1つのことに焦点をあてずに，さまざまな話がなされる山田さんの語り方に着目して，山田さんを理解しようという方法もあります。もしかし

たら山田さんは「理解なんてできない」と感じているため，同僚のことについて深く考えることを避けているのかもしれませんし，カウンセラーに不満をすべて吐き出すことで現実場面ではなんとか不満を出さずにやれているのかもしれません。場合によっては疾患や特性が影響している可能性もありますし，カウンセラーのかかわり方が合っていない可能性もあります。1つの困りごとに焦点化できない状況をカウンセラーが困っているとしたら，実はそれ以上に困っているのはクライエントであるということに気づくこともあります。

　一向に解決に向かわないクライエントに対しては，まずその状況に対するクライエントのこころの状態を理解しようと努めることと，カウンセラーのかかわり方を見直すことの両側面が必要でしょう。

　また「対決」は，カウンセラーがクライエントと「対等」であることが重要となります。カウンセラーとクライエントは対等であるべきだという話は各書に書かれていますが，実際にそのようなことは不可能だと感じています。しかし，できるだけ対等であろうとする試みは必要不可欠です。

　児童福祉施設や就労支援施設など，「指導員」という名称がつけられている役職の場で，「対決」の技法を用いることは，クライエントの矛盾を指摘して「訂正させる」というニュアンスを含みやすくなります。カウンセラーが年上であったり，医療機関で白衣をきていたり，肩書に「部長」などついていたりしても，対等性は感じにくくなります。さらには，カウンセラーが専門性を発揮すればするほど，クライエントはカウンセラーに対して対等だと感じにくくなっていく可能性もあります。

　それほどカウンセラーとクライエントという関係性が「対等」であることは難しいのです。カウンセラーはそのことに自覚的になったうえで，「対決」の技法を用いる場面を検討してほしいと思います。

　7章でも「できないことを自覚」することが大事だと書きました。富樫（2021）は，カウンセラーが差別や偏見などから逃れることができないと

し，「私はここで，だからこそ，それを自覚し続ける努力をしなければならない」と述べています。できないことを自覚しながらも，できるように努力し続けるカウンセラーの在り方が，クライエントのこころを見るために必要なのです。

⇄　「対決」のまとめ

1　矛盾した感情や思いが浮かぶことは当たり前であり，自分のなかの矛盾に気づくことは，選択肢が広がることになります。

2　カウンセラーがクライエントに対してネガティブな感情を抱いているときに「対決」を用いるのは注意が必要です。

3　「今ここ」で生じていることをとりあげましょう。

▶▶▶　この章を読み終えた後は

ケース記録を読み返し，クライエントの矛盾しているところに注目してみましょう。また，1〜12章を読み返しつつ，日常業務を振り返り，自分自身がカウンセラーとして「できないこと」が何かを考えてみましょう。

12
章

対
決

文献

富樫公一（2021）．当事者としての治療者——差別と支配への恐れと欲望．岩崎学術出版社．

コラム5

スーパーヴィジョンについて

　同業上位者の方から，仕事に関して助言指導を受けることをスーパーヴィジョンといいます。つまり心理カウンセラーが自分よりも経験を積んでいる心理カウンセラーから助言を受けることです。このとき，指導をする側をスーパーヴァイザーといい，指導を受ける側をスーパーヴァイジーといいます。スーパーヴィジョンの種類は下記の表のとおり，いくつかのものがありますが，ピアスーパーヴィジョンは事例検討会と呼ばれることのほうが多いと思います。またカウンセラーは，あまりライブスーパーヴィジョンを受ける機会が少ないのではないでしょうか。デイケアや福祉事業所で生活支援を共に行う場合など，複数人で業務にあたれる場合にはライブスーパーヴィジョンもよいでしょう。

表　スーパーヴィジョンの形式

個別スーパーヴィジョン	スーパーヴァイザーとスーパーヴァイジーが1対1で行う
グループスーパーヴィジョン	スパーヴァイザー1人に対して，スーパーヴァイジーが複数人で行う
ピアグループスーパーヴィジョン	スーパーヴァイザーを置かずに，同じくらいの経験を積んだ者同士で行う
ライブスーパーヴィジョン	スーパーヴァイジーの業務にスーパーヴァイザーが付き添って行う

　ここでは，個別スーパーヴィジョンとグループスーパーヴィジョンについて説明を行います。個別スーパーヴィジョンの最大のメリットは，スーパーヴァイザーと1対1でじっくりと自分の事例と自分自身に向き合えることです。ほかに参加者がいないため，ほかの人からどのように思われるかなどを考えずに話すことができるでしょう。一方で，1対1であるからこそ，スーパーヴァイザーの助言がすべてのように感じてしまったり，スーパーヴァイザーへの感情がポジティブなものもネガティブなものも生起されやすくなります。そうした感情なども話し合える関係性を持てるスーパーヴァイザーを見つけることをおススメします。頻度や期間は，スーパーヴァイザーとスーパーヴァイジーが話し合って決めることが多いでしょう。スーパーヴァイザーの見つけ方は，教育分析と同様に，紹介をしてもらったり，自分でスーパーヴィジョンを行ってほしいと思った先生に連絡をとってみたりするとよいでしょう。教育分析とは異なり，多重関係を気にしなくてもよいので見つけやすいのではないでしょうか。

　グループスーパーヴィジョンは，月1回，年間10回など頻度や回数が決められているなかで行われることが多く，参加者が決まった後は，固定のメンバーで実施されることがほとんどでしょう。スーパーヴァイザーの助言だけでなく，ほかの参加者からも意見がもらえたり，ほかの参加者の事例を見ることができることがメリットです。グループスーパーヴィジョンは人から紹介してもらうことで入れるグループもあれば，臨床心理士会や公認心理師会の研修紹介のページなどに情報があがっていることもあります。

　スーパーヴィジョンは知識やスキルについて助言指導を受けるだけでなく，カウンセラー自身がカウンセリングを行ううえでの悩みや苦しさを打ち明け，支えてもらう場でもあります。また，職場の環境について相談する場でもあります。カウンセリングは個別で行う業務であり，かつ守秘義務が課せられていることから，カウンセリングで発生した悩みを打ち明け

られる場というのは少ないのです。これまで何度も本書の中に書いてきた
ように，カウンセラーは自分自身について，またカウンセラーをとりまく
環境について客観的な視点を持つことが大切になります。それは自分だけ
で行うには限界があります。受ける期間や頻度は人によって異なると思い
ますが，カウンセリングが上達するためには，スーパーヴィジョンは必須
といえるでしょう。

　カウンセリングはカウンセラーのこころを使うため，スーパーヴィジョ
ンの場でもスーパーヴァイジーのこころを扱うことになります。そのた
め，スーパーヴァイザーからの指摘を受けることは非常に怖いことのよう
に感じる人もいるでしょう。信頼できるスーパーヴァイザーを見つけるこ
とが第一であることは間違いないのですが，カウンセラー自身が自分のこ
ころに開かれた状態でスーパーヴィジョンを受けることも大事だと考えて
います。

付録　関係機関一覧

医療・保健分野

精神保健福祉センター	・依存症やひきこもりなどの精神保健福祉相談や土日や夜間の精神科救急相談を行う。
保健所	・難病医療や感染症，精神保健，母子保健などの相談を行う。 ・市町村保健センター，福祉事務所などと統合され「保健福祉事務所」「福祉保健所」「保健福祉センター」「健康福祉センター」といった名称となっている場合もある。
市町村保健センター	・健康相談，保健指導などを行う。自宅への訪問相談も実施。 ・母子手帳の発行，乳幼児健診，予防接種などを実施する。 ・妊婦や乳幼児がいる家庭の相談の中心となる。

高齢者福祉分野

地域包括支援センター	・65歳以上の高齢者を支える「総合相談窓口」。 ・介護サービス，介護予防サービス，保健福祉サービス，日常生活支援などの相談に応じる。 ・介護保険の申請窓口を担う。
居宅介護支援事業所	・要介護認定を受けた人が自宅で介護サービスなどを利用しながら生活できるよう支援する。 ・介護支援専門員（ケアマネジャー）が本人・家族の心身の状況や生活環境，希望等に沿って，居宅サービス計画（ケアプラン）を作成し，ケアプランにもとづいて介護保険サービスなどを提供する事業所との連絡・調整などを行う。

児童福祉分野

児童相談所	・児童に関するさまざまな問題について，家庭や学校などからの養育相談，保健相談，心身障害相談，非行相談，育成相談に応じる。 ・児童及びその家庭につき，必要な調査並びに医学的，心理学的，教育学的，社会学的及び精神保健上の判定を行う（特別児童扶養手当及び18歳未満の療育手帳の判定事務を含む）。 ・189番は，24時間365日児童虐待や子育ての相談を受け付けている。 ・児童を一時保護所に保護したり，その後の援助方針を決定したりする。
児童家庭支援センター	・地域の子どもに関するさまざまな問題について，専門的な知識及び技術を必要とするものに対して，必要な助言を行う。 ・児童相談所に定期的に通所することが地理的に困難な子どもや，逆に定期的な訪問が困難な子ども，施設を退所後間もない家庭について，児童相談所より委託され相談援助を行う。
婦人相談所（令和6年度から女性相談支援センターに名称変更予定）	・女性に関するさまざまな相談に応じる。 ・配偶者暴力相談支援センターの機能を担う施設の一つとして位置付けられている。
配偶者暴力相談支援センター	・婦人相談所が担っている。 ・配偶者からの暴力の防止及び被害者の保護を図るため，相談や相談機関の紹介やカウンセリングを行う。 ・被害者及び同伴者の緊急時における安全の確保及び一時保護を行う。
母子健康包括支援センター	・妊娠・出産・子育てに関する各種の相談に応じ，必要な情報提供・助言・保健指導を行う。 ・保健医療又は福祉の関係機関との連絡調整を行う。
母子家庭等就業・自立支援センター	・母子家庭の母などに対して，就業相談から就業支援講習会の実施，就業情報の提供など一貫した就業支援サービスの提供を行う。 ・弁護士等のアドバイスを受け養育費の取り決めなどの専門的な相談を行う。

障害福祉分野

身体障害者更生相談所	・身体障害者やその家族に対し，専門的知識と技術を必要とする相談・指導や医学的，心理学的，職能的な判定業務，補装具の処方および適合判定を行う。 ・市町村に対する専門的な技術的援助指導，来所の難しい人などのため，必要に応じて行う巡回相談，地域におけるリハビリテーションの推進に関する業務などを行う。
知的障害者更生相談所	・18歳以上の知的障害者やその家族に対し，専門的な知識と技術を必要とする相談・指導業務や医学的，心理学的，職能的な判定業務を行う（療育手帳の判定を含む）。 ・市町村に対する専門的な技術的援助，来所の難しい人などのため，必要に応じて行う巡回相談，さらには関係機関と連携を図り，地域のネットワーク化を推進するといった地域生活支援の推進などを行う。
発達障害者支援センター	・発達障害児（者）への支援を総合的に行う。 ・相談支援，発達支援，就労支援，普及啓発を担う。
相談支援事業所（特定相談支援事業所）	・福祉サービスや社会資源を活用するための情報提供，相談を行い。障害者の相談の中心となる。 ・身近な日常生活における相談支援を行う。 ・障害福祉サービス等を申請した障害者（児）について，サービス等利用計画の作成，及び支給決定後のサービス等利用計画の見直しを行う。
地域障害者職業センター	・就職の希望などを把握し，職業能力などを評価し，それらを基に就職して職場に適応するために必要な支援内容・方法などを含む，個人の状況に応じた職業リハビリテーション計画を策定するための職業評価を実施する。 ・センター内での作業体験，職業準備講習，社会生活技能訓練を通じて，基本的な労働習慣の体得，作業遂行力の向上，コミュニケーション能力・対人対応力の向上の支援などのプログラムを実施する。 ・事業所にジョブコーチを派遣し，障害者及び事業主に対して，雇用の前後を通じて障害特性を踏まえた直接的，専門的な援助を実施する。
障害者就業・生活支援センター	・就職に向けた準備支援（職業準備訓練，職場実習のあっせん），障害者の特性，能力に合った職務の選定，就職活動の支援を行う。 ・職場定着に向けた支援，障害のある方それぞれの障害特性を踏まえた雇用管理についての事業所に対する助言を行う。

地域福祉分野

市町村社会福祉協議会	・高齢者のためのふれあい・いきいきサロンなど，交流の場や居場所づくり支援を行う。 ・日常生活自立支援事業や生活福祉資金貸付事業など金銭に関わる支援を行う。 ・ボランティア活動や市民活動に関する相談や情報提供，活動先の紹介をする。 ・ボランティア活動を通じた被災地・被災者支援のため，さまざまな支援・調整を行う。
民生委員・児童委員	・地域住民の身近な相談相手となり，支援を必要とする住民と行政や専門機関をつなぐパイプ役となる。 ・児童の登下校時の声かけ，パトロール活動を行う。 ・地域の実情をよく知り，福祉活動やボランティア活動などに理解と熱意がある住民が採用され，ボランティアとして活動する。 ・児童委員は民生員が兼ねる。

就労分野

公共職業安定所（ハローワーク）	・職業紹介や職業相談などの求職手続き支援を行う。 ・失業等給付，就職促進給付，教育訓練給付等の雇用保険に関する手続きを行う。
地域若者サポートステーション	・15歳〜49歳までの仕事をしたいと思っている方やその家族が利用できる。 ・面接や履歴書指導などを行う。 ・ビジネスマナーやパソコン講座などのプログラムを行う。

行政

福祉事務所	・市町村役場の中に設置されていることが多い。 ・「生活保護法」，「児童福祉法」，「母子及び父子並びに寡婦福祉法」，「老人福祉法」，「身体障害者福祉法および知的障害者福祉法」に定める援護，育成，更生の措置を行う。
男女共同参画センター（女性センター）	・都道府県，市町村などが自主的に設置している女性のための総合施設。 ・「配偶者暴力相談支援センター」に指定されている施設や配偶者からの暴力専門の相談窓口を設置している施設もある。

その他

ひきこもり地域支援センター	・ひきこもりのご本人やご家族，引きこもり支援に携わる支援者へのサポート。 ・ひきこもりに関する第一次相談窓口として，ご本人やご家族から電話での相談を受け，教育，保健，福祉，医療機関等とつなぐ。 ・精神保健福祉センター内に設置されているところもある。
消費生活センター	・商品やサービスなど消費生活全般に関する苦情や問合せなど，消費者からの相談を専門の相談員が受け付け，公正な立場で処理にあたる。 ・消費者ホットライン（188）は，日本全国のお近くの消費生活相談窓口を案内する。
日本司法支援センター（法テラス）	・国によって設立された法的トラブル解決のための「総合案内所」 ・市民の法的トラブルの解決に役立つ法制度・相談窓口の案内や，無料法律相談の実施，犯罪被害者の支援などを行う。

※各機関，多くの役割のうち，カウンセラーが特に知っておくと役立つところをピックアップしている。

※自治体によって名称が異なる場合がある。

おわりに

　本書を執筆するにあたり，久しぶりにアイビィやロジャース，河合隼雄の書籍を読み返しました。カウンセリングにおいて大事にすべきことが凝縮されており，改めて私が書くことなんてないのではないかと思うほど濃密でした。

　本書の引用文献にあげている書籍（特に古典）に読んだことのないものがあれば，ぜひ一度，手に取ってみてください。一人で読むことが難しい場合には，仲間を募って講読会をしてみるのもよいと思います。

　古典を読み返すなかで，かつての心理臨床と現代のそれが異なっていると感じたことは，現代は一つの心理療法を突き詰めていけばよいと思える臨床現場が少ないということ，ほとんどのカウンセラーが幅広く臨床心理学を学び，クライエントや相談内容，臨床現場に応じて，用いる技法をカスタマイズしているということでした。

　また現在のカウンセラーはカウンセリング室の中で話を聴くだけでなく，他機関・他職種と連絡調整や情報共有を行ったり，クライエントの家や関係機関に出向いて行ったり，クライエントと共にプログラムを体験したりとさまざまな場面での対応が求められています。

　専門書のなかにも，面接室に籠らない臨床について言及しているものが増えているように思います。そうした流れのなかで，私は再度，カウンセリング技法の大切さを訴えていきたいと感じています。

　私自身も福祉領域や教育領域で働くなかで，カウンセリング技法だけではどうにもならないと感じてきたことは何度もありますし，社会福祉学を勉強し，クライエントを取り巻く社会や環境に働きかけることの重要性を

体験してきました。一方で，本書の1～9章に書いたカウンセリング技法をおろそかにして，社会や環境に働きかけることを重視し，クライエントに助言や情報提供することばかりを行うことの弊害も体験してきました。

　私が知る限り優秀なカウンセラーは皆，カウンセリング技法を自身のコミュニケーション体系の中に自然と組み込んでおり，カウンセリング室の中でも外でも，クライエントと1対1で関わるときも集団で関わるときも，常にカウンセリング技法が発動されている状況のように思います。そうした方々はもしかしたらプライベートでもそうなのかもしれないと，身の回りの優秀なカウンセラーを思い浮かべましたが，プライベートではやはりカウンセラーのときと同じではないなと感じましたので，この考えは取り下げます。

　つまり，優秀なカウンセラーはクライエントと接するときには無理なくカウンセラーモードになり，カウンセリング技法が搭載されたコミュニケーションを自動的に行うことができているため，カウンセリング技法以外のところを強調するのだと思います。

　私のような平凡なカウンセラーはそういうわけにはいかず，やはり毎回のカウンセリングで基礎を意識して，地味にやっていくしかないのだなと感じています。

　最後になりましたが，私が本書を執筆できるまでに成長することを支えてくれた勉強会や学会などで日々刺激をくださる同業者のみなさま，私を根気強くご指導くださった先生・先輩方に感謝申し上げます。そして，私の乱文から気持ちを丁寧にくみ取り，より気持ちが表現できる形になるようご助言いただき，出版に尽力くださった誠信書房編集部の楠本龍一さんに心よりお礼を申し上げます。

2023年12月

浜内彩乃

■著者紹介■

浜内彩乃（はまうち　あやの）

大阪・京都こころの発達研究所 葉 代表社員，京都光華女子大学健康科学部准教授。臨床心理士・公認心理師・社会福祉士・精神保健福祉士。兵庫教育大学大学院修士課程修了後，教育センターや発達障害者支援センター，精神科医療機関などで勤務。2018年9月に『大阪・京都こころの発達研究所 葉』を臨床心理士3名で立ち上げ，クライエントへのカウンセリングや心理検査，企業や医療・福祉機関への研修，専門職へのスーパーヴィジョンなどを行っている。著書に『心理職は検査中に何を考えているのか？──アセスメントからテスト・バッテリーの組み方，総合所見作成まで』（共著）岩崎学術出版社2023，『精神科の受診や特徴までがわかる発達障害・メンタル不調などに気づいたときに読む本』2022，『発達障害に関わる人が知っておきたい「相談援助」のコツがわかる本』2022，『発達障害に関わる人が知っておきたいサービスの基本と利用のしかた』2021（以上ソシム）などがある。

ステップアップカウンセリングスキル集
──今さら聞けない12の基礎技法

2024年1月20日　第1刷発行

著　者　浜　内　彩　乃
発行者　柴　田　敏　樹
印刷者　藤　森　英　夫

発行所　株式会社　誠　信　書　房
〒112-0012　東京都文京区大塚3-20-6
電話03（3946）5666
https://www.seishinshobo.co.jp/